U0941192

铁路科技图书出版基金资助出版
国家重点研发计划“高速铁路成网条件下铁路综合效能与服务水平提升技术”成果

铁路客货运输全过程效能与服务水平提升理论体系框架

李得伟　韩宝明　赵　鹏　编著

中国铁道出版社有限公司

2021年·北　京

内 容 简 介

本书依托国家重点研发计划“高速铁路成网条件下铁路综合效能与服务水平提升技术”研究成果，主要介绍我国高速铁路成网条件下新型运输工程理论与技术体系框架，涵盖了铁路客货运输全过程多粒度的运输理论及技术，能够为未来我国铁路运输效能与服务水平的提升提供理论及技术指导。本书内容丰富、图文并茂，依托产学研协同，深刻揭示了铁路运输组织战略、战术、运作、平台、工程示范等多个层面面临的理论与技术体系，揭示了提升铁路客货运输综合效能和服务水平的耦合机理，形成了完全自主化的新型铁路运输组织理论和工程技术体系。

本书可作为高等院校交通运输类专业本科、研究生以及铁路运输科研单位的科研参考资料，也可作为铁路运输企业相关工作人员的参考资料。

图书在版编目(CIP)数据

铁路客货运输全过程效能与服务水平提升理论体系框架/李得伟，韩宝明，赵鹏编著．—北京：中国铁道出版社有限公司，2021.5

ISBN 978-7-113-27876-2

Ⅰ.①铁… Ⅱ.①李… ②韩… ③赵… Ⅲ.①铁路运输-服务水平-研究-中国 Ⅳ.①F532.6

中国版本图书馆 CIP 数据核字(2021)第 056945 号

书　　名：铁路客货运输全过程效能与服务水平提升理论体系框架
作　　者：李得伟　韩宝明　赵　鹏

责任编辑：金　锋　　**编辑部电话：**(010)51873125　　**电子信箱：**13001939241@163.com
封面设计：郑春鹏
责任校对：孙　玫
责任印制：樊启鹏

出版发行：中国铁道出版社有限公司(100054，北京市西城区右安门西街 8 号)
网　　址：http://www.tdpress.com
印　　刷：北京建宏印刷有限公司
版　　次：2021 年 5 月第 1 版　2021 年 5 月第 1 次印刷
开　　本：787 mm×1 092 mm　1/16　印张：8.75　字数：189 千
书　　号：ISBN 978-7-113-27876-2
定　　价：68.00 元

前言

交通强国，铁路先行。我国已成为名副其实的交通大国，在铁路运输领域具有丰富的运营场景和复杂的外部环境，目前已初步形成具有中国特色的大规模客货运输组织及运营保障技术框架。在“十三五”期间，现代综合交通运输体系加快形成，有力支撑了区域发展格局不断优化。重点区域交通连片成网，铁路客货运输网络覆盖面进一步提升，交通基础设施的立体互联使区域城乡发展更加平衡，有力保障了未来国家综合实力大幅跃升。

目前，我国铁路运输行业已进入高质量发展阶段，但发展不平衡、不充分的问题仍然突出，主要表现为基础设施网络化水平不高、关键技术装备创新能力不足、综合运输效率不高等。我国需要以建设交通强国为统领，加快建设现代化综合交通体系。推动交通发展由追求速度规模向更加注重质量效益转变；推动由各种交通方式相对独立发展向更加注重一体化融合发展转变；推动交通发展由依靠传统要素驱动向更加注重创新驱动转变。基础设施网络化、物流运输便利化、出行服务便捷化、交通装备自主化已成为发展趋势。随着人民群众的出行模式和货物流通方式的深刻变化，多层次、多样化、个性化的出行需求和小批量、高价值、分散性、快速化的货运需求特征更加明显。这都要求铁路运输从效率和能力方面进行提升，努力做到让广大人民群众享有更便捷的出行服务，让铁路运输更具吸引力。本书以此为背景，依托国家重点研发计划“高速铁路成网条件下铁路综合效能与服务水平提升技术”，围绕课题“铁路客货运效益与服务水平提升技术（编号：2018YFB1201402）”，着力提升以客货运产品和运输组织技术为载体的铁路运营核心竞争力，开展客货运产品体系、运输计划及客货运专项技术研究，最大限度地实现供需匹配，聚焦运输全过程多粒度时空服务网络耦合特征及提效机制，构建铁路运输全过程产品组织与服务理论体系框架。

全书内容共分为 4 章。

第 1 章基于我国铁路客货运输的发展现状，分析了铁路客货运效能与服务水平的内涵，分解得到能够客观反映客货运效能和服务水平的评价指标。根据指标内容进行解读，挖掘其中存在的薄弱环节，最终得到提升客货运输效能与服务水平的体系框架。

第 2 章关注铁路客货运输需求网络、物理网络和服务网络，从时空维度探讨三种铁路运输网络的演变规律，并分析其耦合机理。同时结合目前铁路客货运输推出的新技术、新方法，分析其对铁路客货运输效能提升的积极意义。

第3章从理论层面探讨新型运输组织工程体系框架，从运能保障、产品设计、运营保障三方面阐述未来铁路客货运输发展的关键环节和核心内容。

第4章从技术层面深度挖掘未来铁路运输组织的核心竞争力，依次从战略层、战术层、运作层、平台层、应用层自上而下展开，五位一体全面总结铁路运输在能力、运营、研发、推广过程中涉及的工程智慧。

本书由北京交通大学李得伟、韩宝明、赵鹏编著，张琦、周玮腾、鲁放对书稿进行了修订。在编写过程中，中国铁道科学研究院集团有限公司史宏、田长海、单杏花，同济大学徐瑞华，北京交通大学贺振欢、乐逸祥、林柏梁、黎浩东、韩梅、魏玉光、冯芬玲、马敏书为本书提供了参考资料，北京交通大学研究生赵亚琼、王玉、温诗睿、钱蕾、武丽馥、董乐谦、李佳欣、于婕、张松亮、高菡、白佳薇、郭佳为本书的文稿编辑与图表编排付出了辛勤的劳动，在此向他们表示衷心感谢。本书参考了许多专家的研究成果，在此一并表示感谢。

由于时间仓促，编者水平有限，内容难免有所疏漏，欢迎各位专家和同行批评指正。

编著者
2021年1月

目 录

铁路客货运输全过程效能与服务水平指标及内涵

铁路客货运输全过程效能与服务水平指标体系建立于高铁成网条件下铁路客货运输发展新形势的大背景下。随着我国铁路规模的不断扩大，中国铁路已从“大建设”阶段迈入“大运营”阶段，围绕“交通强国”“走出去”的新战略，面向“国际国内双循环”下的新特点、绿色“公转铁”下的新常态、“四网融合”下的新联通、“装备谱系化”下的新起点、“客货组织变革”下的新模式、“新一代信息技术革命”下的新融合和“综合运输一体化”下的新发展，中国铁路客货运输迎来发展的新形势。

在国家相关部门政策支持下，我国铁路的路网规模逐年扩大，动车组等移动设备的投入运用大幅提升；在高铁网络的逐步普及完善下，高铁旅客发送量所占比例逐年增加，列车开行数量、速度等级、本线与跨线列车比例、单线载客能力等方面逐步升级，安全性大幅度提高；在新一代信息技术快速发展下，高铁智能化进程迅速加快。客货运输效能和服务水平作为衡量铁路客货运输组织工作的效率和质量的重要指标，其提升至关重要。

由此，本章在高铁成网条件下铁路客货运输发展新形势的背景下，基于铁路客货运输路网规模、移动设备、运营情况、运输生产、运输安全和高铁智能化六个方面的发展现状，结合铁路客货运输的全过程，介绍铁路客货运效能与服务水平的内涵，并提出当前新形势下影响客货运输全过程效能与服务水平的六大关键核心指标：繁忙通道的铁路运输能力、大节点间的客运旅行速度、中小节点服务频率、动车组运用效率、货物运到期限兑现率以及由安全事件造成的列车延误率，旨在为建立适应大规模路网、差异化需求的铁路客货运输效能与服务水平提升体系框架提供理论支持。

1.1 高铁成网条件下铁路客货运输发展新形势

1.1.1 “国际国内双循环”下的新特点

2020 年国铁集团深入贯彻落实中央“六稳”“六保”决策部署，实施货运增量行动，加强运输组织，积极助力国内国际经济“双循环”。

在国内经济循环中，铁路深入推进铁路运输供给侧结构性改革，为“强基达标、提质增效”提供了新思路；努力优化铁路货运产品供给，提供更多满足市场需求的铁路货运产品；在保证木材、煤炭、粮食等货物中长协议运输的基础上，狠抓集装箱、商品汽车等运输量；依托内陆港建设，推进多式联运，打通物流服务的最后一公里，积极拓展高铁快运和社会物流市场。交通强国,铁路先行。2020 年“两会”提出增加铁路建设资本金 1 000 亿元,这不仅有利于经济恢复发展,还有助于铁路一步设施完善,使物流通道干线铁路建设加快推进,华北地区干线紧密相连。新建高铁投产,促使现有线路货运能力释放,加上各企业和物流园区投资建设的铁路专用线完成,铁路整体运输能力将进一步提升,为国内循环经济提供有效助力。铁路努力提高货运服务质量和运输保障能力,消除物流中间环节,实现各种交通运输方式无缝链接。紧密按市场需求,为企业制定铁路运输解决方案,落实减税降费措施,降低物流成本,为企业提供优质服务,助力中国经济内循环。

在国际经济循环体系中,铁路货运全力发展中欧班列。加强中欧班列的运行组织运输、提升中欧班列的运行品质、调整中欧班列的现车结构、推进中欧班列货运量的增收,努力实现应装尽装、以货补客。2020 年,中欧班列累计开行 1.24 万列、运送 113.5 万标箱,同比增长 50%,为保障物流畅通和物资供应稳定发挥了重要作用,为国内国际双循环的发展格局奠定了坚实的基础。

1.1.2 绿色“公转铁”下的新常态

机动车污染是大气污染的重要来源,机动车排放的氮氧化物约占总量的 1/3,特别是在大型城市,移动源排放已成为 PM2.5 污染的首要来源。一辆大型货车尾气产生的污染相当于 200 多辆小汽车排放的尾气,且产生大量的扬尘。货运“公转铁”可使公路通行沿线的氮氧化物排放量每天减少 50 t,能有效降低大气污染排放,是打胜“蓝天保卫战”的有力措施之一。生态环境部制定的“蓝天保卫战三年作战计划”中,重要的一项就是优化运输结构,着力推动公路运输转为铁路运输。而各地区的“作战计划”中,也都把“控车”作为治理大气污染的一个重要手段。

铁路运输,特别是铁路货物运输具有运量大、运费低、环保节能的优势。就单次运输的资源消耗和污染物排放量来说,铁路与公路相比占据着绝对的优势,这对保护环境起着不可替代的作用,堪称绿色运输。调整交通运输结构,引导货运由公路走向铁路,是从源头上减少氮氧化物排放的治本之策。

1.1.3 “四网融合”下的新联通

为贯彻党的十九大作出的建设交通强国的重大决策部署、落实《交通强国建设纲要》,国铁集团研究提出《新时代交通强国铁路先行规划纲要》,明确到 2035 年,现代化铁路网率先建成,20 万人口以上城市实现铁路覆盖,50 万人口以上城市高铁通达;到 2050 年,建成更加发达完善的现代化铁路网。围绕这个战略目标,中国铁路将以“3 张网+现代枢纽体系”为重点,打造世界一流的铁路设施网络。

不断延伸的高铁网为中国经济发展架起了“钢筋铁骨”,加快了资源流动,推动了经济结构调整、产业结构升级,同时,干线铁路(高铁)、城际铁路、市域(郊)铁路、城市轨道交通的“四网融合”建设成果不断推进、基础设施的互联互通势必为铁路的未来发展带来新的机遇。

1.1.4 “装备谱系化”下的新起点

我国高速铁路具有两个非常明显特点:一是我国幅员辽阔,南北、东西纵横 5 000 km 以上，高速铁路网跨越高寒(如京哈线)、高温、高湿、强腐蚀(如海南通道)、多风沙(如兰新线)、高原(如沪昆线)等气候和自然环境差别极大的不同区域；二是路网经过地区的人口密度差异较大，包括人口稠密的都市圈或城市带路网，人烟稀少的沙漠地区的路网(兰新铁路)。为了适应不同区域、不同路网和不同旅客群对高速动车组的技术、服役性能和运营模式提出的差别巨大的要求，需要不同的个性化、系列化高速动车组技术与之适应，因此提炼共性技术、重组个性技术，开展高速动车组谱系化技术研究以降低高铁产品的研发生产成本具有重要意义。

1.1.5 “客货组织变革”下的新模式

1. 高速化——超级高铁

基于真空管道和磁悬浮技术，实现上千公里时速的超级高铁，一度被认为是未来交通方式的发展方向。各国均已启动超级高铁研发项目，旨在占领行业制高点，但仍存在诸多技术难题：首先是真空管道的低成本建设，即如何以低成本实现、维持一个大体积的低真空空间；其次未来的“超级高铁”要实现载人，怎么建造站台，能够既方便乘客上下车，又维持管道的真空状态，有待解决；需要采用直线牵引技术功效尚不能满足其动力需要，且磁悬浮技术对于“超级高铁”也不够稳定。因此，在超级高铁的研究方面仍有较大的发展空间。

2. 定制化——个性客运

随着铁路的高速发展以及“互联网＋”商业模式的快速推广，互联网已渗透到铁路客运的各个服务场景。智慧铁路的概念，已不局限于对铁路硬件和技术的研发，更包含着铁路服务的内容与范围拓展，更加注重用户出行体验。如基于用户的行为数据构建铁路客运用户画像系统，能够更好地针对不同旅客群体定制个性化、差异化的营销和服务策略；通过电子客票、刷脸进站等智能出行服务简化旅客出行流程，基于现状已有的交通方式，利用技术综合匹配乘客出行的时间成本、金钱成本和对环境影响的基础上，采用一种或多种交通方式服务乘客空间位置移动的 MaaS(出行即服务)等，都将助推铁路客运朝着更加个性化的方向发展。

3. 快捷化——高铁快运

近年来，随着城市规模和空间布局规划的调整以及电商企业的快速发展，大城市土地利用、交通拥堵以及环境污染问题的日益凸显，减少城市内公路货运车辆，加快城市绿色物流体系建设势在必行。高铁快捷货物运送作为一种新型运输产品，具有经济、高效、稳定的优势，高铁货运动车组的下线运营，将进一步提升中长距离城市之间高铁快运产品服务水平与效能。

1.1.6 “新一代信息技术革命”下的新融合

新一代信息技术革命为包括铁路产业在内的全球产业赋能。全球各国积极探索铁路未来发展方向，纷纷制定了一系列中长期的战略规划，加快新技术与铁路业务场景深度融合和创新应用，推进铁路数字化、智能化发展。欧盟提出的 Shift2Rail 科技创新项目，积极推动新的先进技术与创新产品相结合，包括虚拟编组、门到门服务等技术；法国国家铁路公司在推出的“数字化法铁”项目，计划依靠工业互联网手段，在利用目标专属通信网络、数据云、各类传感器等设备与工具的基础上，将列车、路网、站房三大区域用网络连接起来。国内紧跟新一代信息技术革命步伐，依托智能京张、智能京雄等重点项目，广泛应用云计算、大数据、物联网、人工智能、北斗导航、BIM 等，促进新一代信息技术与铁路运输深度融合发展，在工程建造、技术装备和运营服务等三方面开展了一系列创新与实践，初步构建了中国智能高铁的体系架构，开启了我国智能高铁建设与发展的新篇章。随着我国 5G、物联网、人工智能等新兴技术的飞速发展，铁路的信息化、数字化、智能化将推动铁路全新转型。

1.1.7 “综合运输一体化”下的新发展

随着京津冀一体化、长三角地区一体化等各城市群的协同发展，对交通运输综合一体化提出了新的要求。客运方面，开展“一票式”服务，优化各交通方式间的接驳，提升客运换乘效率，真正做到“门到门”的运输；货运方面，由于条块分割、体制不顺、“最后一公里”等限制严重制约了物流运输市场资源的有效配置，也大大降低了物流运输的效率，因此大力推进海铁联运、水铁联运是货改的重要途径。

1.2 铁路客货运输现状分析

1.2.1 路网规模

随着我国《铁路“十三五”发展规划》《城市轨道交通运营管理规定》等的出台，我国铁路建设进入到一个新的发展周期。目前以“八纵八横”高速铁路为骨架的国家快速铁路网基本建成，中西部路网骨架加快形成，综合客运枢纽同步完善。

从铁路营运里程数来看，2014～2020 年，全国铁路运营里程数呈逐年增长趋势，如图 1.1 所示。2020 年，全国铁路营业里程超过 14.6 万 km，其中高铁 3.8 万 km；全国铁路路网密度 153.2 km/万 km^2；复线里程 8.7 万 km，复线率 59.5%；电气化里程 10.7 万 km，电化率 72.8%；西部地区铁路营业里程 5.9 万 km。

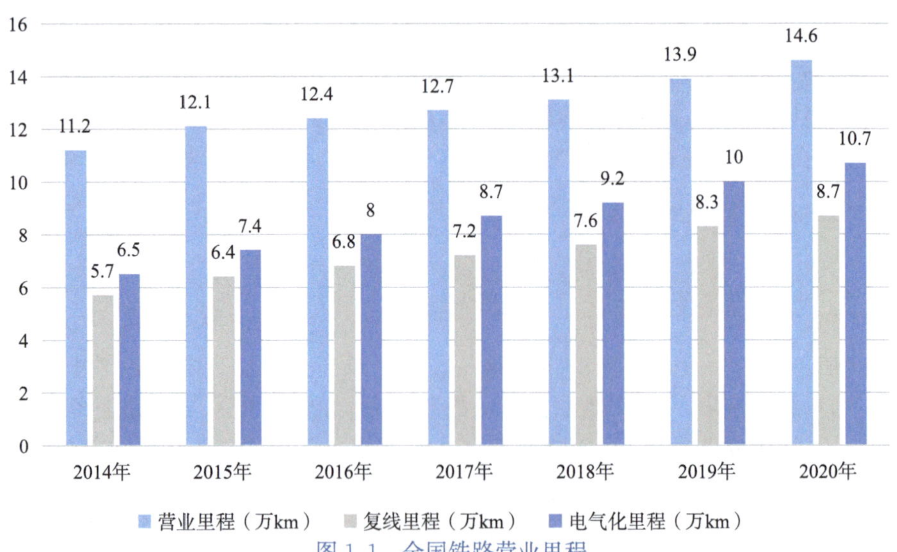

图 1.1 全国铁路营业里程

自2008年,我国首条时速350 km的京津城际铁路开通运营以来,中国高铁建设掀起热潮。2009年我国高铁事业步入自主创新阶段,营业里程开始迅速增长。2010年,我国投入运营的高速铁路营业里程已达到7 431 km,居世界第一。2013年,随着宁杭、杭甬、津秦、厦深、西宝等一批新线投入运营,我国高铁营业总里程达到11 028 km,同期在建高铁规模1.2万km。至2015年底,我国"四纵四横"高铁主骨架基本建成,高速铁路开通运营1.9万km,较2012年翻了一倍,占世界高铁总里程的60%以上。至2017年底,高铁营业里程达2.5万km,占世界高铁总量的66.3%,同时"四纵四横"高铁网中的最后一横也正式收官。

如图1.2所示,2019年底,我国高铁营业里程已突破3.8万km,居世界第一位,高速铁路规模占全国铁路总里程的25.9%。

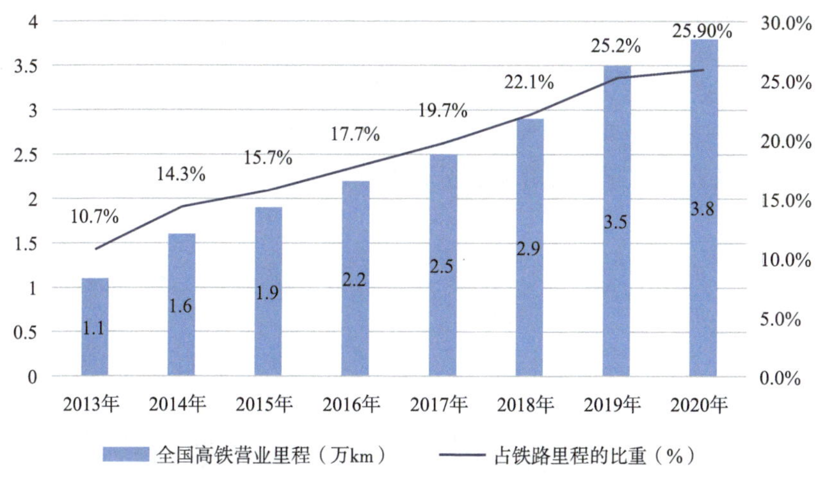

图1.2 2013～2020年全国高铁营业里程及占铁路里程的比重

在国家相关部门出台的一系列政策的扶持下,我国铁路路网覆盖全国各大省市,未来国家仍将继续加大对铁路行业的投资。2016年国家铁路局发布的《中长期铁路网规划(2016年)》提出,到2020年全国铁路网规模达到15万km,其中高速铁路3万km,覆盖80%以上的大城市(已完成);到2025年进一步扩大铁路网络覆盖,铁路网规模达到17.5万km,其中高速铁路3.8万km,从而更好发挥对经济社会发展的保障作用。

1.2.2 移动设备

随着高铁路网的建设,动车组等移动设备的投入运用也大幅提升。自2017年中国首次开行复兴号动车组列车以来,运行速度从200 km/h提升至350 km/h,甚至达到400 km/h。截至2020年1月1日,中国铁路已累计有40种不同型号的动车组列车投入运用,总计配属超3 000列。我国动车组主要有"CR"("复兴号")和"CRH"("和谐号")两个系列,其中,"CRH"主要有CRH1、CRH2、CRH3、CRH5等基本型号,后来在此基础上又研发出CRH1E、CRH2C、CRH2E、CRH380A、CRH380AL、CRH380C、CRH380CL、CRH380D、CRH380DL等型号,"CR"已有CR400AF、CR400BF、CR300AF、CR300BF、CR200J共5种型号。

2019年1月8日8时55分,由兰州开往重庆北的D754次动车组列车自兰州出发,标志着时速 160 km 动力集中式复兴号动车组列车正式在兰渝线开行。兰州至重庆的行驶时间由原来最短的 10 h 51 min 压缩至 6 h 59 min。这列在既有线上以 160 km/h 速度运行的复兴号 CR200J 型动车组，以“国槐绿”强烈的视觉冲击力，被大众亲切地称为“绿巨人”。这是中国铁路顺应时代发展的产物，“绿巨人”在兰渝线开跑，对进一步改善旅客出行体验、促进人流物流信息流融合发展、服务“一带一路”具有十分重要的意义，也实现了在既有普速铁路的客观条件下，让普速铁路进入动车时代，为普速铁路客运服务开启新模式、开辟新思路。目前，国内既有线普速铁路客车依旧承担着我国相当数量的客运任务。在这样的大背景下，复兴号 CR200J 动车组的成功研制，是铁路部门顺应国情、满足旅客出行需求的又一重要举措。CR200J 动力集中动车组的上线运行，开创了普速客运新纪元，将促进普铁捷运化发展，有望在全路推广。

2019 年全国铁路机车拥有量约为 2.2 万台。其中，内燃机车 0.80 万台，占 36.4%；电力机车 1.38 万台，占 62.7%。全国铁路客车拥有量为 7.6 万辆。其中，动车组 3 918 标准组、31 340 辆。全国铁路货车拥有量为 91.2 万辆。自 2013 年以来，中国铁路机车保有情况、动车保有情况及铁路货车保有情况如图 1.3、图 1.4、图 1.5 所示。

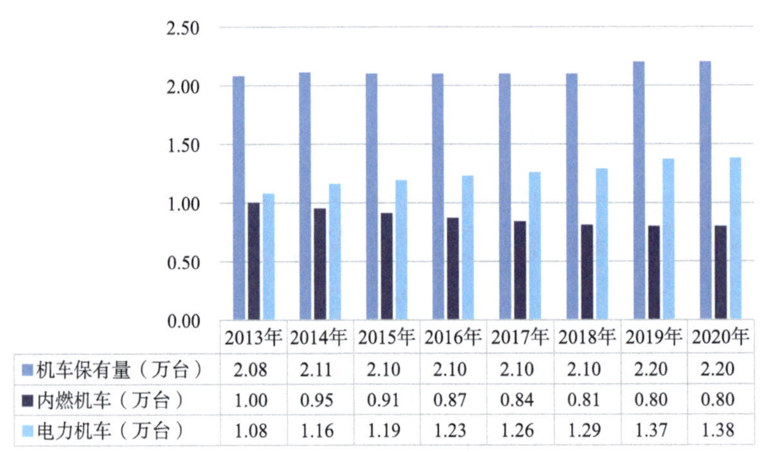

	2013年	2014年	2015年	2016年	2017年	2018年	2019年	2020年
机车保有量（万台）	2.08	2.11	2.10	2.10	2.10	2.10	2.20	2.20
内燃机车（万台）	1.00	0.95	0.91	0.87	0.84	0.81	0.80	0.80
电力机车（万台）	1.08	1.16	1.19	1.23	1.26	1.29	1.37	1.38

图 1.3　2013～2020 年中国铁路机车保有情况

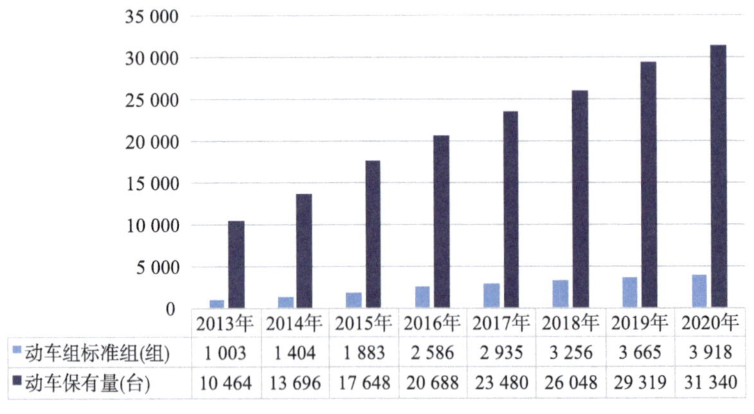

	2013年	2014年	2015年	2016年	2017年	2018年	2019年	2020年
动车组标准组(组)	1 003	1 404	1 883	2 586	2 935	3 256	3 665	3 918
动车保有量(台)	10 464	13 696	17 648	20 688	23 480	26 048	29 319	31 340

图 1.4　2013～2020 年中国动车保有情况

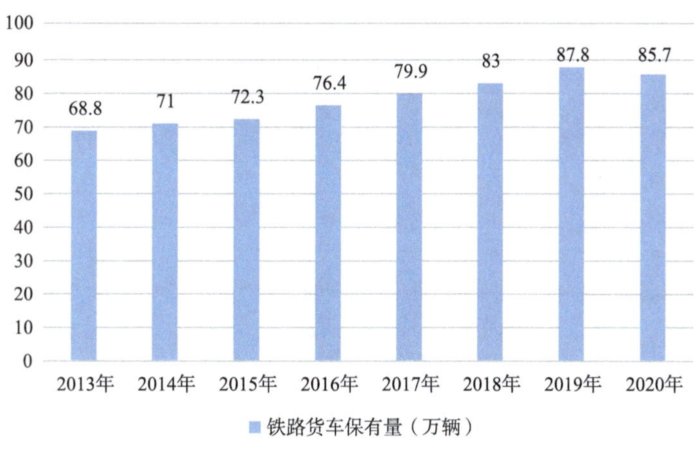

图 1.5 2013～2020 年中国铁路货车保有情况

动车组拥有量较 2014 年翻了一倍，年平均增长率超过 20%，具体数据见表 1.1。

表 1.1 2011～2020 年高铁动车组拥有量

年 份	2011	2012	2013	2014	2015	2016	2017	2018	2019	2020
动车组组数	652	825	1 003	1 404	1 883	2 586	2 935	3 256	3 665	3 918
动车组辆数	6 792	8 566	10 464	13 696	17 648	20 688	23 480	26 048	29 319	31 340

1.2.3 运营情况

我国高铁在投入运营后，列车开行数量、速度等级、本线与跨线列车比例、单线载客能力等方面都进行了数轮升级。以京沪高铁为例，2011 年时速 300 km 的列车占比 63.81%，2016 年这一数字已达到 98%。京沪高铁开行的本线列车已经实现“全高速”运行。2017 年 9 月，7 对“复兴号”动车组在京沪高铁按时速 350 km 运行，运行一年后，复兴号列车增加至 23 对，其中 15 对按照 350 km/h 的速度运行。2019 年 1 月，京沪高铁首次投入运营 17 辆超长版“复兴号”动车组，加长版“复兴号”全长 439.9 m，载客定员 1 283 人，载客能力较 16 辆编组提升了 7.5%。

1.2.4 运输生产

1. 旅客运输

如图 1.6 和图 1.7 所示，2019 年，我国铁路旅客发送量完成 35.79 亿人，比上年增加 2.61 亿人，增长 7.9%；铁路旅客周转量完成 14 529.55 亿人·km，比上年增加 465.56 亿人·km，增长 3.3%。受疫情影响，2020 年我国铁路旅客发送量完成 21.67 亿人次，较 2019 年下降了 39.4%，铁路旅客周转量达 8 258.10 亿人·km，较 2019 年下降了 43.2%。

自 2008 年京津城际开通运营以来，高铁客运量不断攀升。2011 年高铁累计运送旅客人数首次突破 10 亿人次；2014 年累计运送人数突破 30 亿人次；2016 年，高铁运送旅客人数首次超过普速铁路运送旅客人数，年发送旅客人数 14.43 亿人次，占比达到 51.3%，累计运

图 1.6　2014～2020 年国家旅客发送量

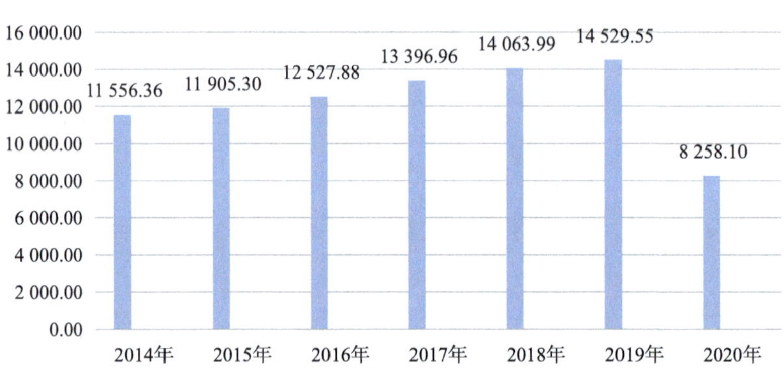

图 1.7　2014～2020 年国家旅客周转量

送旅客人数突破 50 亿。2017 年高铁累计运送旅客人数已超过 70 亿人次，年发送旅客人数超过 15 亿人次。近十年来，高铁累计安全运送旅客 95 亿人次，年均增长 30％以上。高铁客运量占比超过 60％，已成为铁路旅客运输的主力军。2019 年高铁动车组完成的旅客发送量为 22.9 亿人次，如图 1.8 所示。2012～2019 年的统计数据见表 1.2，高铁动车组的旅客发送量占比增长迅速。

表 1.2　高铁旅客发送量及占比

年　份	全路客运量(亿人次)	高铁客运量(亿人次)	高铁占比
2012	18.89	4.75	25.10％
2013	21.06	5.43	25.60％
2014	23.05	8.90	38.60％
2015	25.35	11.61	45.80％
2016	28.14	14.43	51.20％

续上表

年　份	全路客运量(亿人次)	高铁客运量(亿人次)	高铁占比
2017	30.84	17.13	55.50%
2018	33.75	20.05	59.90%
2019	35.79	22.90	63.99%

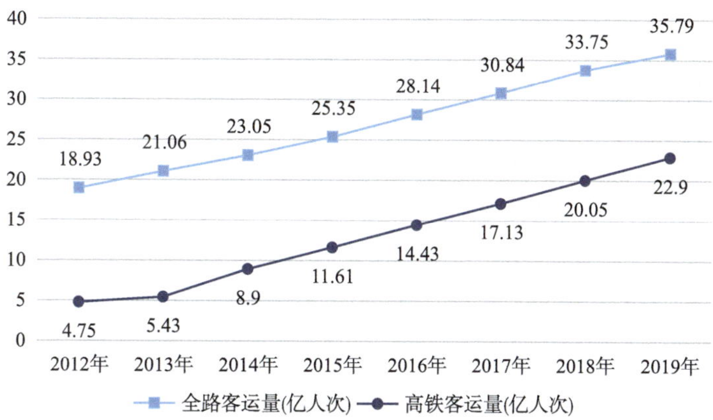

图 1.8　2012～2019 年全路客运量和高铁客运量

随着高铁网络的普及,普速铁路客运量占比从 2008 年 92.7%下降到 2019 年 36.01%,2015～2019 年普速铁路客运量呈缓慢下降趋势,见表 1.3。

表 1.3　2012～2019 年普速铁路客运量

年　份	2012	2013	2014	2015	2016	2017	2018	2019
客运量(亿人次)	14.18	15.63	14.15	13.74	13.71	13.71	13.70	12.88

2019 年既有线完成客运量 12.88 亿人次,约占客运总量的 36%。已形成以直达特快、特快、快速、普快、普客 5 个系列的客运产品体系,最高运行速度均达 120 km/h 及以上,其中直达特快列车、特快最高运行速度分别达到 160 km/h 和 140 km/h。

2. 货物运输

2015～2016 年,铁路货运陷入低迷,货运量下降超过 10%。据统计,2015、2016 年铁路货运量仅占全社会货运总量的 8.04%、7.60%。2018 年,铁路货运量超过 40 亿 t,但占比仅为 7.81%。从 2011 年开始,铁路货运量不容乐观,占比低于 10%且比重一直下降,近两年占比普遍维持在 7.60%～7.80%。

如图 1.9 所示,2020 年,国家铁路货运总发送量完成 35.81 亿 t,比上年增加 1.40 亿 t,增长 4.1%。如图 1.10 所示,国家铁路货运总周转量完成 27 397.83 亿 t·km,比上年增加 388.28 亿 t·km,增长 1.4%。

1.2.5　运输安全

2020 年全国铁路未发生铁路交通特别重大、重大事故;发生较大事故 13 件,同比增加 9 件。铁路交通事故死亡人数 674 人,同比减少死亡 114 人,铁路交通事故死亡人数比上年下降 14.47%。“十三五”以来铁路交通事故死亡人数变化趋势如图 1.11 所示。

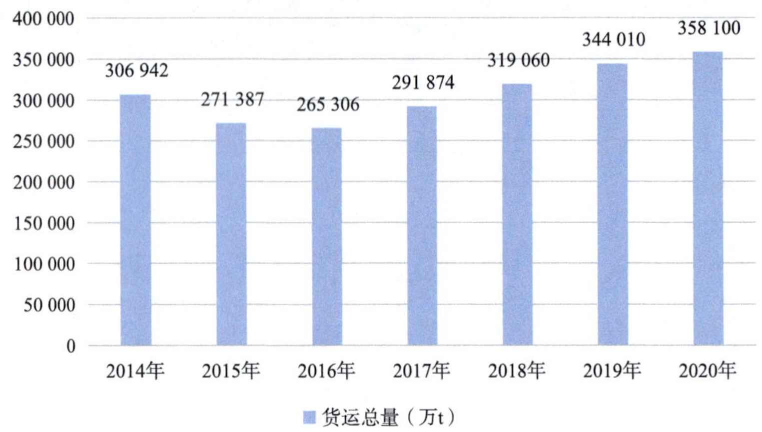

图 1.9　2014～2020 年国家货运总量

图 1.10　2014～2020 年国家货运总周转量

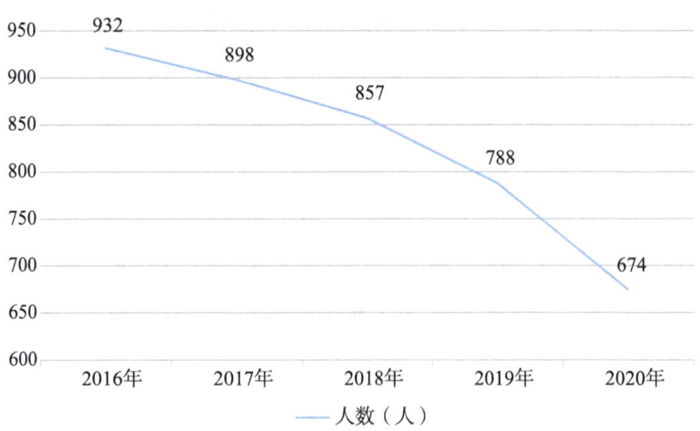

图 1.11　2016～2020 年铁路交通事故死亡人数变化趋势图

1.2.6　高铁智能化

高速铁路集现代高新技术于一体，是现代科技革命的重要成果。相比于普速铁路，高速铁路运行速度更快、技术条件更高、故障影响更大、生产节奏更快、环境要求更严，对于安全保障、运行效率及服务质量等提出了更高的要求，推动高速铁路信息化全面深化，系统全面集成、信息高度共享、资源充分整合、技术与业务深度融合，并向着更加自动化、智能化的方向发展。同时，信息技术日新月异，人工智能出现重大突破，进一步加快利用新技术改造传统铁路的进程，推进高速铁路向智能高铁转型。

国外对于智能高铁研究普遍集中在铁路数字化、智能化发展。其中在战略规划方面，典型代表有欧洲 Shift2Rail、德国铁路 4.0、瑞士 SmartRail4.0 等。虽然各侧重点不相同，但是均取得了一定的成果。从中可以看出，铁路智能化已成为全球铁路未来发展方向。

中国智能高铁建设以引领世界轨道交通发展为目标，以大数据、云计算等新技术为支撑，以智能京张高铁和京沪高铁标准示范线建设为突破口，致力于实现覆盖高速铁路规划、设计、建设、运营和维护全业务流程、全价值链条、全生态体系的智能化，强有力支撑中国高铁“走出去”和“一带一路”倡议。随着智能高铁建设的推进，智能高铁体系架构、内涵特征、关键技术等相关研究受到关注。中国智能高铁总体框架包括：智能建造、智能装备和智能运营，其中智能装备包括智能列车、智能基础设施，智能运营包括智能调度、智能安防、智能养护维修、智能客运和智能经营管理，如图 1.12 所示。

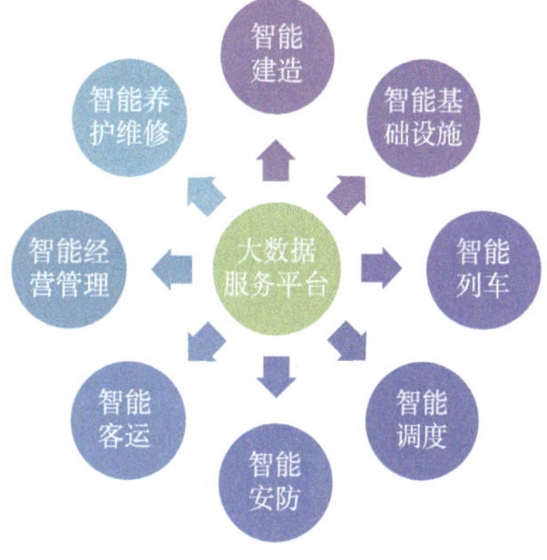

图 1.12　中国智能高铁总体框架

以京张高铁为例，该线起自北京北站，终到张家口站，途经北京市和河北省，正线共设北京北、清河、沙河、昌平、八达岭长城、东花园北、怀来、下花园北、宣化北、张家口等 10 座车站，延庆支线设延庆站，崇礼铁路设太子城站，线路全长 173.96 km，如图 1.13 所示。

图 1.13　京张高铁线路示意图

京张高铁运用的动车组不同于普通动车组，而是复兴号 CR400BF-C 型智能动车组，如图 1.14 所示。

图 1.14　CR400BF-C 型智能动车组

1. 智能行车——350 km/h 级别的自动驾驶

CR400BF-C 型智能动车组在世界上首次实现了时速 350 km 的有人值守自动驾驶商业运营。通过 CTCS-3＋ATO 技术，可以实现车站自动发车、区间自动运行、车站自动停车、车门自动打开、车门/站台门联动控制等一系列操作。列车自动速度控制功能达到精度 2 km/h 以内，停车精度可控制在 0.5 m 以内。

CR400BF-C 型智能动车组的智能化自动驾驶，还体现在对环境的感知与决策功能上。自动驾驶系统能够通过车载传感器、雷达、天线等设备对环境信息（地理位置、线路信息等）和车辆状态进行采集与处理，并与动车组状态融合，同时在满足安全性、稳定性和舒适性的目的下进行算法预设，结合线路限速要求等进行决策判断。通俗来说，CR400BF-C 型智能动车组的自动驾驶不是纯按照预设的时间和速度来行车，而是可以根据现实状况，模仿真人司机那样进行思考，并随时调整行车操纵，达到了真正的“智能化”。

2. 智能服务——旅客交互界面更加亲切友好

CR400BF-C 型智能动车组对于旅客方面“智能化”的体现，就是智能服务。

(1)智能环境调节。CR400BF-C 型智能动车组能够实现智能环境感知和调节，控制列车车厢温度、灯光亮度和色温，乃至调节车内的压力波，让旅客对于车内环境的体验得到全面提升。

(2)智能信息交互。CR400BF-C 型智能动车组大面积采用了电子屏显示系统，旅客视觉感官提升的同时，信息的更新速度和传递准确性也大大提高。

(3)智能便民服务。通过智能点餐、车载 WiFi 等系统，为旅客提供更为便利的服务。

3. 智能运维——安全可靠更经济

智能动车组的智能运维体现在对列车健康状态的智能化维护上：CR400BF-C 型智能动车组增加了 10%的传感器，可以实时监控列车重要零部件的状态，并进行故障预警预测、关键故障精确定位、检修策略建议;同时利用大容量车—地传输技术在运用部门(动车段)、主机厂、零部件供应商之间实现大数据共享。提升安全的同时,优化运营成本。

另外,与之前的动车组列车不同,CR400BF-C 型智能动车组是中国高铁第一次按照线路别特别“定制”高速列车。从列车外形、内饰,到一些针对京张高铁所做的特别设计,CR400BF-C 型智能动车组“彩蛋”般的诸多细节,无时不给第一次体验的旅客们一个个惊喜。

除了外观头型的优化,CR400BF-C 型智能动车组还装备了适应－40 ℃高寒运用环境的抗高寒技术;牵引、制动系统性能提升,适应 30‰坡道起动和安全停放,满足山区环境运用需求;尤其是新增的动力电池系统,能在接触网发生供电故障时,驱动列车以 30 km/h 速度能够走行 20 km,具备在京张高铁任何一个区间发生供电故障时应急走行至就近车站的能力。

内饰方面,除了之前提到的智能环境调节和智能信息交互系统,为旅客优化了乘车体验之外,CR400BF-C 型智能动车组的商务座座椅也进行了改进设计,美观性提升的同时也加强了人体工学设计,乘坐更为舒适。

目前,中国高速铁路正处在一个关键的转型期,高速铁路成网运营,对内要求提升运输组织效率,提高经营效益;对外要求优化服务品质,提高安全水平。高速铁路势必向着更加自动化、智能化的方向发展。未来 20 年,通过云计算、大数据、人工智能、卫星导航等新一代技术的广泛应用,构建基于 BIM 的智能建造标准、基于量子和区块链等的智能安全、旅客无障碍出行服务、面向复杂路网综合协同指挥的智能调度等体系,突破列车无人驾驶、列车移动闭塞、极端复杂情况下,高铁智能容错理论与技术、可储能源的绿色无线供电、动态近距离的列车移动追踪等关键技术,研发谱系化智能动车组、自修复型智能动车组等高速列车,建设基于信息物理系统(CPS)的智能高铁大脑,实现高速铁路建设运营全过程、设施设备全生命周期的全面自主操控、无人化。

1.3 铁路客货运效能与服务水平的内涵与指标体系分析

1.3.1 铁路客货运效能与服务水平的内涵

1. 铁路客运效能与服务水平的内涵

(1)铁路客运效能的内涵

铁路客运效能是指在既有路网以及机车车辆条件下,铁路客运产品所能发挥的能力和效率。铁路客运效能包括运输能力和运输效率两个方面的内容。

铁路旅客运输能力是为满足一定水平的运输需求所能够提供的运输供给水平,反映了铁路系统在一定的硬件匹配与组织协调水平下对运输资源的优化配置程度,以及由此生成的运输产品的生产能力。铁路旅客运输能力包括通过能力、输送能力、服务能力、承载能力和保障能力五个大类。通过能力指车站或客运区段的通过能力;输送能力指线路的输送能力;服务能力指办理客运业务的铁路车站的旅客服务能力;承载能力指路网在一定运力资源配置条件下能够提供的运输供给水平;保障能力包括机务段/车辆段/动车段(所)的检修及存车能力和牵引供电系统的供电能力。

铁路旅客运输效率是客运效能的另一重要组成部分，可以从微观层面和宏观层面两方面加以分析。从微观层面看，运输效率是衡量各铁路旅客运输部门所完成的运输资源配置是否达到最优，即投入与成本或成本与收益的比较。它是铁路旅客运输对其资源的有效配置，是铁路旅客运输竞争能力、投入产出能力和可持续发展能力的总称。从宏观层面看，铁路旅客运输效率即铁路旅客运输对国民经济增长的贡献率，或是铁路旅客运输要素的投入与国民经济的增量和增长质量的对比。

(2)铁路客运服务水平的内涵

铁路客运服务是以旅客运输为基础，开展相关的业务工作。这个过程是在基础设施、服务人员、服务内容相对完备的情况下进行协调组织，其目的是最大限度地满足旅客的出行需求，并实现旅客的输送任务，服务本身也是为了旅客能够获得更好的出行体验，倾向性上也更多地聚焦于服务过程。服务水平的差异很大程度上影响客运市场的竞争。

铁路客运服务水平可从位移服务和附加产品两个方面进行评估。铁路旅客运输的"产品"，就是旅客的"位移"。旅客从甲地到乙地的旅行过程中，铁路及工作人员提供的运输和服务与旅客对旅行和服务的消费是同时进行的。位移服务的评估指标指铁路客运产品具有的基本属性表现在被旅客感知的方面，包括质量(安全、准时、迅速、舒适等指标)、席别(硬座、硬卧、软卧等)、车次车型(高铁、快车、特快等)、品牌等。

附加产品又分为有形服务和无形服务两大类。有形服务如列车上的车门验票、维持秩序、扶老携幼、车上送水、卫生清扫、广播宣传、订餐服务等。无形服务主要指工车站、列车工作人员的思想品德、职业道德、社会公德、礼貌修养、言谈举止、服务精神、工作态度等。

2. 铁路货运效能与服务水平的内涵

(1)铁路货运效能的内涵

铁路货运效能是铁路货运投入(包括时间、成本、设备损耗、人员等)与产出(货运量、货运周转量、运输收入等)之比，它是反映铁路货物运输组织工作的一个综合指标，也是铁路货运发展的经济指标。"铁路货运效能"体现了在一定铁路货运条件下所发挥的货物运输能力和效率，货物运输任务的完成情况和货运组织协调过程的优劣程度。从宏观层面上解读，铁路货运效能是对铁路货物运输成本、运输收入、运输任务完成情况、运输组织与协调过程等各个货运投入与产出环节的综合考量。从微观层面上来讲，铁路货运效能就是固定成本情况下铁路货运能力大小的体现。铁路货运效能的提高，需要各部门协调配合，优化当前的运输组织模式，以更低的成本实现更高质量的货物运输。

具体来讲，铁路货运效能也可以从运输能力和运输效率两个方面去评估。铁路货运能力是指在一定的技术设备和行车组织方法的条件下，某一线段(或区段)按所配备的机车车辆和人员，在一定时期内所能完成的最大货物运输量，一般以 t/年表示。铁路运输生产设备是形成铁路货运能力的物质基础。根据铁路运输生产的特点，铁路运输生产设备可分为两大类：一类是不能移动的固定设备，是指形成铁路运输通道的基础设施，如铁路区间、车站、机务段等的生产设施和供电、给水等固定设备；另一类是能移动的活动设备，是指实现铁路运输生产(或服务)对象位移所需的运载动力和运载工具，如机车、车辆等活动设备。

铁路运输能力既取决于固定设备的设置数量和相互配置结构，又取决于活动设备的时空配置，还取决于固定设备与活动设备的相互适配。

铁路货运效率是指运输一定货物所需要的时间，包括货物的承运、运输到货物的交付等过程。要提高货运效率，就要尽量缩短货物运输过程中各环节的时间，精简各环节的作业内容，降低个体运输过程中所产生的时间成本、资源成本以及货运的外部成本。我国铁路货物运输效率的提升，一方面需要提升我国铁路货物运输企业的工作效率，另一方面也要提升运输过程各环节的技术效率，使各环节的作业更加高效，不同环节之间的衔接更加流畅。

相比于客运，铁路货运的能力和效率更是两个不可分割的整体。货运效率的提升，会增加货物运输能力；而运输能力的提高，又进一步优化了货物运输效率。二者相互影响，共同促进铁路货运效能的提升与发展。

需要注意的是，铁路货运量受到宏观经济形式和政策的影响较大，因此，在评价时应该充分考虑这一因素的影响。

(2)铁路货运服务水平的内涵

铁路货运服务水平体现了铁路货运的服务质量，包括货物运输产品的质量和人员在服务过程的工作质量，是对货运服务人员水平、货运服务质量水平、货运服务流程、货运服务时效、货运服务态度等的综合评判。从主观上看，货运服务水平又表现为货运客户的实际感受与其心理预期之间的差距。

与铁路客运服务水平相同，铁路货运服务水平可从位移服务和附加产品两个方面进行评估。位移服务即为货物运到期限、货物破损率、货运事故理赔等对货主产生直接影响的因素。货物运输的根本是保质保量地尽快完成货主的运输要求，对于货主来说，服务水平的高低最重要的就是货物运到期限、运输安全的保障。按时运送货物，保证货物运输安全等因素都是货运服务水平的体现，简化货物运输办理程序，缩短运到期限，将大大提高铁路货运服务水平。

附加服务是指运输过程中信息公开、工作人员的服务态度等。这些因素致使货主对整个货物运输过程进行间接评判，影响货主对铁路货运服务水平的评价。

1.3.2 影响铁路客货运效能和服务水平的指标

铁路客货运指标与运输组织和服务管理过程紧密相连，从对运输需求的分析研究到运输计划的制定，从开行方案的评价到日常计划的制定，从票额销售管理到市场营销评价等各运输环节和业务部门，都相应设定了各类指标，以此为依据管理铁路运输经营、运输生产组织、运输服务过程管理。铁路客货运输相关指标可以分为安全性、准时性、快捷性、工作量、经济性、设备利用情况、服务/舒适性等几大类指标。

1. 铁路客运相关指标

铁路客运效益和服务水平可从安全性、准时性、快捷性、工作量、经济性、设备利用情况、满意度等几个方面加以叙述，具体可量化指标见表1.4。

表 1.4　铁路客运效益和服务水平可量化指标

一级指标	二级指标	三级指标		单　位
客运效益和服务水平	安全性	特别重大安全事故数量		件/年
		重大安全事故数量		件/年
		较大安全事故数量		件/年
		一般安全事故数量		件/年
		行包货损率		%
	准时性	普速铁路	普速列车晚点率	%
			普速列车始发正点率	%
			普速列车运行正点率	%
			普速列车平均晚点时间	min
		高铁线	高铁列车晚点率	%
			高铁列车始发正点率	%
			高铁列车运行正点率	%
			高铁列车平均晚点时间	min
	快捷性	普速铁路	普速列车旅行速度	km/h
			普速列车技术速度	km/h
		高铁线	高铁列车旅行速度	km/h
			高铁列车技术速度	km/h
			高铁列车平均开行间隔	min
			高铁列车最小追踪间隔时间	min
			站站停列车占比	%
	工作量	普速铁路	普速列车旅客发送量	亿人次/d,亿人次/年
			普速列车旅客周转量	亿人·km/d,亿人·km/年
		高铁线	高铁列车旅客发送量	亿人次/d,亿人次/年
			高铁列车旅客周转量	亿人·km/d,亿人次/年
		总计	旅客发送总量	亿人次/d,亿人次/年
			旅客总周转量	亿人·km/d,亿人·km/年
	经济性	普速铁路	普速铁路客票收入	万元/年
			普速铁路客运投入人员数	万人
		高铁线	高铁固定资产投资	万元/年
			高铁流动资产投资	万元/年
			高铁其他资产投资	万元/年
			高铁客票收入	万元/年
			高速铁路投入人员数	万人

续上表

一级指标	二级指标	三级指标		单　位
客运效益和服务水平	经济性	总计	固定资产总投资	万元/年
			流动资产总投资	万元/年
			其他资产总投资	万元/年
			客票总收入	万元/年
			行包总收入	万元/年
	设备利用情况	普速铁路	普速列车客座利用率	%
			普速列车车底需要数	对/d
			普速列车车底日走行公里	km
		高铁线	高铁列车客座利用率	%
			复兴号列车开行数量	对/d
			动车组周转时间	min
			动车组运用车数	组
			动车组备用车数	组
			动车组检修车数	组/d
			动车组日车公里	km
			跨线列车占比	%
	满意度	旅客投诉数		人次
		投诉回复率		%

(1)安全性

运输安全是铁路运输的核心问题，是乘客的生命、财产安全的保障。影响铁路客运安全性的可量化指标有特别重大安全事故数量、重大安全事故数量、较大安全事故数量、一般安全事故数量和行包货损率等。

(2)准时性

由于人们的时间观念在逐步增强，人们都希望能够安全、迅速、准时地行驶到目的地。所以，客运部门要采取一切有效措施保证准时发车和按时到达，从而满足人们在准确及时方面的需要。

对于准时性，铁路客运相关指标可分为普速铁路和高速铁路两个方面。普速铁路可量化指标有普速列车晚点率、普速列车始发正点百分率、普速列车运行正点百分率和普速列车平均晚点时间等；高速铁路可量化指标有高铁列车晚点率、高铁列车始发正点率、高铁列车运行正点率、高铁列车平均晚点时间等。

(3)快捷性

在运输市场的竞争中如何使旅客方便、快速出行，是客运企业克敌制胜的重要法宝。客运企业要在订票、售票、行包的托运和提取、上下车等方面提供便捷服务，以提高列车的旅行速度来缩短旅客的出行时间。

对于快捷性，铁路客运相关指标可分为普速铁路和高速铁路两个方面。普速铁路可量化指标有普速列车旅行速度、普速列车技术速度等；高速铁路可量化指标有高铁列车旅行速度、高铁列车技术速度、高铁列车平均开行间隔和高铁列车最小追踪间隔时间、站站停列车占比等。

(4)工作量

铁路客运的工作量反映了铁路客运的运输能力情况。对于工作量，铁路客运相关指标可分为普速铁路、高速铁路以及总计。普速铁路可量化指标有普速列车旅客发送量、普速列车旅客周转量等；高速铁路可量化指标有高铁列车旅客发送量、高铁列车旅客周转量等；总计的可量化指标有旅客发送总量、旅客总周转量等。

(5)经济性

从铁路企业角度来说，铁路客运的经济性主要体现在铁路的成本与收入上。铁路客运经济性相关指标可分为普速铁路、高速铁路以及总计。普速铁路可量化指标有既有线客票收入率等；高速铁路可量化指标有高铁固定资产投资、高铁流动资产投资、高铁其他资产投资、高铁客票收入等；总计的可量化指标有固定资产总投资、流动资产总投资、其他资产总投资、客票总收入和行包总收入等。

(6)设备利用情况

客运设备利用情况反映的是动车组、车底、检修车、客座等设施设备的利用情况。相关指标可分为普速铁路和高速铁路两个方面。普速铁路可量化指标有普速列车客座利用率、普速列车车底需要数、普速列车车底日走行公里等；高速铁路可量化指标有高铁列车客座利用率、复兴号列车开行数量、动车组周转时间、动车组运用车数、动车组备用车数、动车组检修车数、动车组日车公里、跨线列车占比等。

(7)满意度

由于生活水平的提高，旅客对乘车舒适性的要求越来越高，为此，客运企业要努力满足人们对舒适性的严格要求，要使旅客在出行中能够得到文明礼貌、热情周到的服务，以提高旅客的旅行生活质量。

影响铁路客运服务/舒适性的可量化指标有旅客投诉数(客服受理旅客投诉量/百万旅客发送量)、投诉回复率等。

2. 铁路货运相关指标

铁路客运效益和服务水平可从安全性、准时性、快捷性、工作量、经济性、设备利用情况、满意度等几个方面加以叙述，具体可量化指标见表1.5。

表1.5　铁路货运效益和服务水平可量化指标

一级指标	二级指标	三级指标	单　位
货运效益和服务水平	安全性	装卸货物破损率	%
		在途货物破损率	%
		货物丢失率	%
		货物差错率	%
		万批货运事故率	件/万批
		货运责任事故赔偿金额	元

续上表

一级指标	二级指标	三级指标	单　位
货运效益和服务水平	准时性	货物按期到达率	%
		货物列车班计划兑现率	%
		货物列车始发正点率	%
	快捷性	货物列车平均旅行速度	km/h
		货车中转停留时间	min
		货物作业停留时间	min
		平均运到期限	d
		不同运输方式货物送达速度(定义运输方式)	km/h
		不同运距货物送达速度(定义距离)	km/h
	工作量	货车平均日产量	t·km/货车日
		货物总发送量	万 t
		货物周转量	t·km
		铁路货物平均运程	km
		集装箱发送量	TEU
		国际集装箱发送量	TEU
		箱周转量	箱·km
		多式联运占比	%
		箱平均运程	km
	经济性	货运总收入	亿元
		每万换算吨公里收入率	元/万换算吨公里
		货运投入人员数	万人
		铁路货运职工数	万人
	设备利用情况	货车周转时间	d/次
		货车静载重	t
		货车平均载重	t
		空车走行率	%
		全路运用车数	辆
		货运机车日产量	总吨公里
		货运机车日车公里	机车公里/d
		集装箱周转时间	d
	满意度	货主投诉数	件
		列车运行图兑现率	%
		投诉回复率	%

(1)安全性

安全问题虽然不是铁路货运的核心,但却是其不可缺少的保障。经调研,认为影响铁路货运安全性的可量化指标有装卸货物破损率、在途货物破损率、货物丢失率、货物差错率、万批货运事故率、货运责任事故赔偿金额等。

(2)准时性

运输准时性是货主企业最关注的指标之一。货物能否准时送到,对货主企业实施生产计划、节约仓储成本及快速抢占消费市场有着重要作用。影响铁路货运准时性的可量化指标有货物按期到达率、货物列车班计划兑现率、货物列车始发正点率等。

(3)快捷性

与准时性相同,货物运输的快捷性也是货主企业最关注的指标之一,货物的运送时限反映了货物运输服务质量的高低。影响铁路货运快捷性的可量化指标有货物列车平均旅行速度、货车中转停留时间、货物作业停留时间、平均运到期限、不同运输方式货物送达速度(定义运输方式)、不同运距货物送达速度(定义距离)等。

(4)工作量

铁路货运的工作量反映了货物运输的能力情况。影响铁路货运工作量的可量化指标有货车平均日产量、货物总发送量、货物周转量、铁路货物平均运程、集装箱发送量(TEU)、国际集装箱发送量、箱周转量、多式联运占比、箱平均运程等。

(5)经济性

随着铁路建设的快速发展,铁路企业需要在稳定大宗货流、提高货运服务质量的前提下,最大限度压缩运输成本,这对于铁路货运构建良好形象、提升市场竞争力具有重要作用。影响铁路货运经济性的可量化指标有货运总收入、每万换算吨公里收入率等。

(6)设备利用情况

货运设备利用情况反映的是机车、运用车、集装箱等设施设备的利用情况。影响铁路货运设备利用情况的可量化指标有货车周转时间、货车静载重、货车平均载重、空车走行率、全路运用车数、货运机车日产量、货运机车日车公里、集装箱周转时间等。

(7)满意度

与客运相同,铁路货运的服务质量也非常重要,货运的服务品质和服务效能需进一步提升。影响铁路客运服务/舒适性的可量化指标有货主投诉数、列车运行图兑现率、投诉回复率等。

1.4 铁路客货运输全过程效能与服务水平关键核心指标分析

1.4.1 繁忙通道的铁路运输能力

1. 繁忙通道铁路运输能力定义与内涵

铁路繁忙通道是指在国家重要的交通运输大通道担当客货运主力,在路网中起重要的骨干作用且客、货行车量达到或超过 60 对的线路。铁路运输能力分为输送能力和通过能力。从基本定义可知,通过能力是指固定线路单位时间内通过的最大列车数,着重从现有固定设备方面指明线路可能通过的列车数量。输送能力着重指明该铁路线能够通过的列车数量或货物吨数。

铁路运输需求与运输供给之间矛盾的焦点主要集中在繁忙通道，未来客货运量的增长也将主要集中在繁忙通道，对运输质量的要求也以繁忙通道最为迫切。随着地区经济的发展以及市场经济体系的形成，提高繁忙通道铁路运输能力将会是满足市场需求的唯一途径。

分析得知，输送能力的概念更能反映铁路线路的实际完成情况，选择此指标可直接反映综合效能和服务水平。换算周转量是铁路输送能力的外在表现形式，可直接体现输送能力的实际完成效果；鉴于通道内含高速铁路和普速铁路、含客运和货运，输送能力体现在单位时间内固定线路的所完成的人公里和吨公里，使用换算周转量便于统计通道铁路运能，通道应用特征显著；此外，相对于铁路通道通过能力的概念和计算体系的不完备，换算周转量是交通业内、国家层面上规范性、通用性较高的一个指标。为此，选取换算周转量指标表述繁忙通道铁路运输能力和实现繁忙通道铁路运输能力提高10%～20%的评估方法。在铁路基础设施配置条件不变条件下，实现繁忙通道铁路运输能力提高10%～20%，由于运输能力为运输量的上限，难以从现场进行测试得到，所以拟采取理论计算或仿真评估的方式，对铁路客货运服务模式设计与资源配置技术实施前后的京沪繁忙通道铁路运输能力进行评测，得出评测值，从而进行指标提高率的计算，并与预期值（10%～20%）进行对比，评估项目完成情况，提高值大于或在本预期值范围内表示指标达成，否则表示指标未达成。繁忙通道铁路运输能力提高率可通过下式进行计算：

$$C=\frac{Q_{\text{hs-h}}-Q_{\text{hs-q}}}{Q_{\text{hs-q}}}\times 100\%$$

式中　C——繁忙通道铁路运输能力提高率，%；

$Q_{\text{hs-h}}$——繁忙通道铁路运输能力实施后的换算周转量，t·km；

$Q_{\text{hs-q}}$——繁忙通道铁路运输能力实施前的换算周转量，t·km。

2. 相关指标分析

铁路运输能力通常可用输送能力和通过能力表示。从基本定义可知，通过能力是指固定线路单位时间内通过的最大列车数，着重从现有固定设备方面指明该线路可能通过的列车数量。输送能力着重指明该铁路线能够通过的列车数量或货物吨数。

可见，输送能力的概念更能反映铁路线路的实际完成情况，尤其是服务模式设计和资源配置优化技术，立项宗旨就是从多维角度研究、从宏观和中观的角度研究运能提升，选择此指标可直接反映综合效能和服务水平。具体说，客运方面可以通过对高铁列车平均开行间隔、高铁列车最小追踪间隔时间、列车开行对数、客运密度、列车正点率等相关指标进行分析，货运方面可以通过货运密度、货物计划兑现率、货物列车静载重等相关指标的分析来提高繁忙通道的铁路运输能力。

(1)高铁列车平均开行间隔

高速铁路旅客列车开行间隔指在合理开车时间范围内开行同方向列车的间隔时分。其计算公式为：

$$I_{\text{间}}=\frac{T_{\text{时}}}{n}$$

式中 $T_{时}$——24 h 中适合开行旅客列车的时间段(时分数),h;

n——在合理开车时间范围内开出的同方向旅客列车数,列。

开行间隔时间小则旅客在站滞留时间短,$I_{间}$ 越小旅客越方便。

(2)高铁列车最小追踪间隔时间

在自动闭塞区段,一个站间区间内同方向可有两列或两列以上高速铁路旅客列车,以闭塞分区间隔运行,称为追踪运行。追踪运行列车之间的最小间隔时间,称为高速铁路列车最小追踪间隔时间。

(3)列车开行对数

列车开行对数是指不同型号(复兴号、和谐号等)列车在铁路线路上的开行对数。

(4)客运密度

客运密度又称"旅客平均运输密度",是指一定时期内平均每公里线路上通过的旅客周转量,即旅客周转量(人公里)除以线路长度(公里)所得的商,反映运输线路上旅客运输的繁忙程度,也是考核线路能力利用程度和运输工作强度的指标。

(5)列车正点率(普速+高速)

列车正点率是指一定时期内(通常是一天)正点出发的列车数占出发列车总数的比重或正点到达的列车数占到达列车总数的比重。前者称为列车出发正点率,后者称为列车运行正点率。

(6)货运密度

铁路货运密度是反映铁路线路运输货物的繁忙程度,考核铁路运输能力利用程度和运输工作强度的指标,指一定时期内平均每公里铁路线路所担负的货物周转量,用一定时期内货物周转量除以该线路的营业长度求得,计算单位为吨公里/公里。

(7)货物列车计划兑现率

货物列车计划兑现率是指制定的货物列车计划在实际工作中得到完全实现的比例。

(8)货物列车静载重

货物列车静载重是指货车在静止状态下平均每装车一辆所装载的货物吨数,是反映货车载重力利用程度的一项质量指标。除统计总量指标外,还按货物品类分别统计。影响货车静载重的因素有车辆类型和车种构成、所运货物的性质(重质或轻质)、货物包装状况以及货车装载方法等。

$$P_{静}=\frac{\sum P}{U_{装}}$$

式中 $P_{静}$——货车平均静载重,t/车;

$\sum P$——一定时间内货物发送总吨数,t;

$U_{装}$——一定时间内的总装车数,车。

1.4.2 大节点间客运旅行速度、中小节点服务频率

1. 相关概念含义

节点一般是指按城市划分的客流的始发或终到地点,包含该城市范围内的一个或多个

车站，每个节点都可以作为一个或多个方向的客流集散点，如济南节点包括济南和济南西等车站。根据客流组织及产品设计需要，根据节点所在城市的性质与规模、到发客流量、节点所处路网位置及连接方向等属性。以京沪高铁为例，京沪高铁沿线节点被划分为大、中、小三个级别，其中北京、天津、济南、徐州、南京、上海为大节点。大节点间的旅行速度是指不同节点间的客流的平均旅行速度，计算方法如下：

$$\bar{v}=\frac{\sum_{i,j}(n_{i,j}\cdot l_{i,j})}{\sum_{i,j}(n_{i,j}\cdot t_{i,j})}$$

式中 $n_{i,j}$——大节点 i,j 间的客流量；

$l_{i,j}$——大节点 i,j 间的旅行距离；

$t_{i,j}$——大节点 i,j 间的旅行时间。

每对中小节点间的服务频率是能够同时在给定的中小节点对间停靠的列车的数量，即能在中小节点对间直达的列车数量，中小节点服务频率是指上述所有中小节点对间每日服务频率的平均值。

在列车运行速度不变的情况下，为实现旅行速度的提高必须减少停站，而为提高服务频率，则必须增加列车停站，二者是相互矛盾的。因此，如何协调二者间的关系是有待解决的首要问题。

在实际的客运组织过程中，大小节点间客流的要求有较大差别，因此其相应的组织对策也有所不同，大节点间交通通常比较发达，服务频率也高、交通方式多、多方式竞争相对激烈。用户的忠诚度相对不高，对于其服务频率相对较高，一般基本可满足要求，且时间价值相对较高，因此，这部分客流对旅行时间的变化更为敏感，其客流组织应更注重旅行速度的提高，以提高高铁在市场中的竞争力。而中小节点间交通方式相对较少，旅客可选择余地相对较小，且一般服务频率明显偏低，因此，客流对服务频率的提高更为敏感。这部分客流的组织应首先提高其服务频率，以保持现有客流，同时诱增更大的客流，以提高企业效益。

针对上述特点，首先进一步细分市场，并紧扣市场需求为不同的市场设计不同的具有明显区别特征的产品，形成对应不同细分市场的谱系化客运产品体系。对于大站间客流，设计大站停为主的列车，并在售票组织上采取相应策略，使大站间客流尽可能选择大站列车，提高其旅行速度。对于中小站间客流，设计多层次的中小站停列车，并根据客流时空分布特性，适当增加部分停站及服务频率，提高中小站间客流的服务频率。

2. 相关指标

大节点间客运旅行速度，指不同节点间客流的平均旅行速度，属于衡量铁路系统运营速度的重要指标之一。每对中小节点间的服务频率是能够同时在给定的中小节点对间停靠的列车的数量，可以通过对普速铁路和高速铁路上的列车技术速度、站站停列车占比等指标的分析来提高大节点间客运旅行速度和中小节点的服务频率。

(1)列车技术速度

技术速度是指旅客列车在运行的普速铁路区段和高速铁路区段的各区间内，每小时平均运行的公里数(分别对直通、管内列车进行计算)，即

$$v_{技} = \frac{\sum nL}{\sum nt - \sum nt_{停站}} \quad (\text{km/h})$$

式中 $\sum nL$ ——在每一个区段内每昼夜所完成的列车公里数；

$\sum nt$ ——旅客列车在区段内的全部运行时间(包括停站时间在内)；

$\sum nt_{停站}$——旅客列车在中间站停留总时间，h。

(2)站站停列车占比

站站停列车占比指站站停列车占总列车数量的比重(%)。

1.4.3 动车组运用效率

1. 动车组运用效率的定义和内涵

我国的高速铁路网布局有清晰合理、功能完善、衔接流畅的特点，在这个网络之中，动车组是重要的运输设备，动车组运用效率与动车组运用计划联系紧密，我们可以根据动车组运用计划评估动车组的运用效率。动车组运用计划主要包括以下具体内容：

(1)列车运行计划。这是根据运输能力的需求以及资源的运能约束性条件，制定的动车组开行方案，在这个计划方案之中，要综合各种信息(如列车运行区段，运行径路、编组、动车组运用数量等)，在对这些信息进行综合分析之下，才能输出列车运用计划，确定最终方案。

(2)列车运行图。在列车开行方案拟定的前提下，动车组要确定其具体的时刻、车站会让及车站越行等内容，要在运输资源约束条件的限定之下，拟订好详细而全面的列车运行图，为后续的运用和检修工作奠定基础。

(3)动车组交路计划。在考虑动车组运行的接续条件之下，要对动车组进行不同运行线的衔接，生成动车组在一次检修周期内的运用内容，从而为检修创造条件和提供内容。

(4)动车组检修计划。动车组运用所要根据自身的检修能力，依照检修规程，在某一时间段对动车组实施检修作业。

提高动车组运用效率需要重点对动车组运用计划进行优化，保障路网节点的运输需求，提高对现有运输资源的利用率，为旅客提供充足的运力资源。

动车组运用效率与动车组运用计划联系紧密，评估动车组的运用效率，必须要根据优化后的列车运行图确定动车组运用计划后进行评估，主要包括动车组运转交路安排及检修计划等。动车运用效率提高的评估既可以根据现有方法从现场实际得到，也可通过实验室仿真进行成果验证。

动车组运用效率可以用平均每个动车组一日的走行车公里(不包括动车段内部走行距离)来表示，反映了动车组在一天时间内有效运营的程度。计算公式如下：

$$\varphi = \sum_{i=1}^{n} \sum_{j=1}^{m_i} S_{ij} \Big/ \sum_{i}^{n} m_i$$

式中 φ——动车组运用效率，用平均日车公里来统计；

i——关联路网中动车段(所)的序号，共有 n 个动车段(所)；

j——动车段(所)i 中配属的第 j 个动车组,第 i 个动车段(所)配属 m_i 个动车组;

S_{ij}——第 i 个动车段(所)中第 j 个车组的日车公里。

2. 相关指标

提高动车组运用效率需要重点对动车组运用计划进行优化,保障路网节点的运输需求,提高对现有运输资源的利用率,为旅客提供充足的运力资源。可以通过对动车组周转时间、动车组运用车数、动车组备用车数、动车组检修车数、动车组日车公里、动车组检修时间等指标的分析来提高动车组运用效率。

(1)动车组周转时间

动车组周转时间是指动车组在线路上往返一次所消耗的全部时间。

(2)动车组运用车数

动车组运用车数指每日 18:00 当时参加铁路营业运输的动车组数量。

(3)动车组备用车数

动车组备用车数指为了保证完成临时紧急任务的需要所储备的技术状态良好的动车组数量。

(4)动车组检修车数

检修车辆现有数也叫不良车数、残车数或检修车数,是指每日 18:00 时全路、铁路局、车辆修理工厂或车辆段的管辖范围内全部扣修的动车组数。

(5)动车组日车公里

动车组日车公里是指在一定时期内平均每一节动车组在一昼夜内的走行公里数,是反映动车组流动程度的指标。

(6)动车组检修时间

动车组检修时间是指动车组日常维修、一级维修、定期检修和厂修的检修耗时。

1.4.4　货物运到期限兑现率

1. 铁路货物运到期限的定义与内涵

铁路货物运到期限是指铁路运输部门规定的货物运输一定里程所需要的时间标准。货物运到期限是根据现有技术设备和运输组织水平,分别按货物运输种类确定的。我国铁路为加强货物运到期限管理,专门制定了相关规定。铁路货物运到期限一般由发送期间、运输期间和运到补加期限三部分组成,《铁路货物运输规程》第二章货物运输第六节对货物运到期限具体时间进行了明确规定:一是货物发送期间为 1 d;二是货物运编期间每 250 运价公里或其未满为 1 d,按快运办理的整车货物每 500 运价公里或其未满为 1 d;三是特殊作业时间包括需要中途加冰的货物,每加冰一次,另加 1 d;运价里程超过 250 km 的零担货物和 1 t、5 t 型集装箱货物,另加 2 d,超过 1 000 km 加 3 d;重量超过 2 t,体积超过 3 m^3 或长度超过 9 m 的零担货物及零担危险货物另加 2 d;整车分卸货物,每增加一个分卸站,另加 1 d;准、米轨间直通运输的整车货物,另加 1 d。

货物实际运到日数计算的起算时间从承运人承运货物的次日(指定装车日期的,为指定装车日的次日)起算。终止时间,到站由承运人组织卸车的货物,到卸车完了时止;由收货人组织卸车的货物,到货车调到卸车地点或货车交接地点时止。根据这一规定,货物运到期限起码天数为 3 d。根据实际数据测算，目前普通整车到达正点率约为 14.3%，早于货票规定的运到期限到达的比例为 53.4%；集装箱运输过程中，早于运到期限到达的比例为 66%，到达正点率约为 11%，运到期限整体到达率较低，货物运输服务水平难以满足货运需求。

规定和遵守货物运到期限，既代表铁路对托运人关于货物送达时间的明确责任承诺，是加快货物送达、保证货物运输质量的重要体现，也是铁路货运市场竞争力的重要标志。长期以来铁路货运采用组织型运输模式，注重运输能力利用和内部组织效率，运输规模化、集约化效应明显，但没有充分考虑运输过程中的流线结合和全程衔接，货物运输快速性和准时性存在不足，不能很好适应日益激烈的货运市场竞争。随着我国经济社会的稳步发展，经济结构和产业结构加快调整，社会物资的品类与结构发生了很大的变化。客户需求特征从“少品种、大批量、少批次、长周期”转变为“多品种、小批量、多批次、短周期”，这对运输快速性和可靠性的要求越来越高。在此背景下，铁路做出了“深化铁路货运改革，推动铁路向现代物流转型发展”的决策，迫切要求适应快速性、便捷性、可靠性、安全性等货运市场需求，积极发展面向不同时限要求的货运产品，加强对货物运到期限的保障，以增强铁路市场经营能力，提升货运市场竞争力，提升货运组织的效率与效能。

铁路货物运到期限保障是针对货物批次、列车送达时间 t_i^D 与铁路运输企业承诺的货物送达时间 t_i^r 差值的考量，如果该差值的计算公式为：

$$t_i=|t_i^D-t_i^r|$$

式中　t_i^D——第 i 列车的送达时间；

t_i^r——第 i 列车的铁路运输企业承诺的货物送达时间。

设定一定运到期限偏差标准值 ε，如果 $t_i\leqslant\varepsilon$，则表明该批次货物、该次列车的运输组织服务满足了运到期限要求。设定是否满足运到期限保障的参数 δ_i，用以表征 i 的运到期限是否满足要求，则有：

$$\delta_i=\begin{cases}1 & t_i\leqslant\varepsilon\\0 & t_i>\varepsilon\end{cases}$$

由此可以得到具体品类(如高附加值货物)、具体线路、某一区域内货物或者列车的运到期限保障率日，计算公式如下：

$$\theta=\frac{\sum\delta_i}{M}\times100\%$$

式中　M——统计周期内货物批次或者列车的总数；

δ_i——第 i 列车运到期限保障的参数。

2. 相关指标

可以通过对货物按期到达率、货物列车班计划兑现率、货物列车阶段计划兑现率、货车中转停留时间、货物作业停留时间、货车周转时间、货运机车日车公里、集装箱周转时间等指标的分析来提高货物运到期限兑现率。

(1)货物按期到达率

货物按期到达率指按照约定的期限到达的货物数量在货物总量中所占的百分比：

$$r_{按期}=\frac{N_{按期}^{到}}{N_{发}}\times 100\%$$

式中 $N_{按期}^{到}$——按照约定期限到达的货物数量；

$N_{发}$——货物运输总量。

(2)货物列车班计划兑现

班计划是车站最基本的计划，它体现铁路局调度中心对车站规定的任务和要求，由站长或主管运输的副站长按照铁路局调度中心的要求编制。

(3)货物列车阶段计划兑现率

阶段计划是一个班各阶段工作的具体安排，是完成班计划的保证，由车站调度员根据该阶段计划工作开始前的具体情况编制。

(4)货车中转停留时间

货车中转停留时间货车在技术站进行中转作业的平均停留时间。中转作业指货车在车站进行解体和改编作业，也包括在中间站从列车中进行摘挂等作业。中转车停留时间按照中转作业的性质，分为有调车中转停留时间和无调车中转停留时间。

有调车中转停留时间：

$$t_{有}=t_{到达}+t_{待解}+t_{解体}+t_{集}+t_{待编}+t_{编}+t_{待发}+t_{出发}\quad (\text{h})$$

式中 $t_{到达}$——有调中转车在到达作业中的停留时间，h；

$t_{待解}$——有调中转车在解体中的等待停留时间，h；

$t_{解体}$——有调中转车在解体中的作业停留时间，h；

$t_{集}$——有调中转车在集结过程中的停留时间，h；

$t_{待编}$——有调中转车在编组中的等待停留时间，h；

$t_{编}$——有调中转车在编组中的作业停留时间，h；

$t_{待发}$——有调中转车在等待发车的停留时间，h；

$t_{出发}$——有调中转车在发车作业中的停留时间，h。

无调车中转停留时间：

$$t_{无}=\frac{\sum_{i=1}^{n}(m_{无}^{i}\times T_{停}^{i})}{\sum_{i=1}^{n}m_{无}^{i}}\quad (\text{h})$$

式中 $T_{停}^{i}$——无改变中转列车的停站时间，h；

$m_{无}^{i}$——中转列车中的无调中转车数。

中转车停留时间：

$$t_{中}=\frac{N_{无}\times t_{无}+N_{有}\times t_{有}}{N_{无}+N_{有}}=t_{有}-\delta_{无}(t_{有}-t_{无})$$

式中 $N_{无}$、$N_{有}$——分别表示有调、无调中转车数；

$\delta_{无}$——无调中转车占总中转车数的比重。

(5)货物作业停留时间

货物作业停留时间为运用车在站线(包括区间，下同)及专用线(包括铁路的厂、段管线，下同)内进行装卸、倒装作业所停留的时间。

(6)货车周转时间

货车周转时间又称“车辆周转率”,指运用货车在一次周转中平均所消耗的时间。对全国铁路而言,货车周转时间是运用货车从第一次装车完了时起,至下一次装车完了时止所消耗的全部时间。对铁路局而言,是指运用货车第一次装车完了或从邻局接入重车时起,至下一次装车完了或自邻局交出货车时止,在本局管内所消耗的全部时间。

$$\theta=\frac{\dfrac{T_{货}+T_{旅}+T_{中}+T_{非}}{24}}{U}$$

式中 $T_{货}$——报告期内货物作业停留时间,车·h;

$T_{旅}$——报告期内货车旅行时间,车·h;

$T_{中}$——报告期内中转作业停留时间,车·h;

$T_{非}$——报告期内非运用货车消耗时间,车·h;

U——报告期内工作量,车。

(7)货运机车日车公里

货运机车日车公里指在一定时期内,平均每台货运机车在一昼夜内所完成的公里数。

$$MS=\frac{\sum M_{本}S_{本}+\sum M_{辅}S_{辅}}{(M_{本}+M_{辅})T}$$

式中 MS——货运机车日车公里,车·km/d;

$M_{本}$——本务机车数量,台;

$S_{本}$——本务机车走行公里,km;

$M_{辅}$——辅助机车数量,台;

$S_{辅}$——辅助机车走行公里,km;

T——机车走形时间,d。

(8)集装箱周转时间

集装箱从被装上船准备运出港时起到集装箱被运送到目的地为止的时间,单位为天。

1.4.5 由安全事件造成的列车延误率

1. 安全事件造成的列车延误率定义与内涵

安全事件造成的列车延误是指人、机、环境、管理风险因素造成的列车延误。每次列车的延误时间(Δt_i)为列车实际出发/到达时间与计划出发/到达时间的偏差。

$$\Delta t_i=t_i^r-t_i^p$$

上式中,计算范围可以是一条线路、一个调度台或几条线路,计算时间可以是一天、一个月、一个季度或一年。

每次列车权重与列车等级相对应,列车等级按照速度和停站方案划分。令 i 次列车权重为 ω_i,每次列车的广义延误时间(ΔT_i)为列车权重与延误时间相乘。

$$\Delta T_i=\omega_i\times\Delta t_i$$

一个统计时间段内平均延误时间(ΔT_i)为所有列车的广义延误时间之和除以相应统计时间段运行的总列车次数 N。

$$\Delta T=\frac{\sum_{i=1}^{N}\Delta T_i}{N}$$

一个统计时间段内平均延误时间降低百分比即为列车延误率的降低程度(γ)。

$$\gamma=\frac{\Delta T_{示范前}-\Delta T_{示范后}}{\Delta T_{示范前}}$$

2. 相关指标

安全是列车行车的重中之重，是运输部门最关心的问题。可以通过对特大安全事故数量、重大安全事故数量、较大安全事故数量和一般安全事故数量等指标来描述由安全事件造成的列车延误率。

(1)特大安全事故数量

特大安全事故界定：造成 30 人以上死亡，或者 100 人以上重伤(包括急性工业中毒，下同)，或者 1 亿元以上直接经济损失的；繁忙干线客运列车脱轨 18 辆以上并中断铁路行车 48 h 以上的；繁忙干线货运列车脱轨 60 辆以上并中断铁路行车 48 h 以上的。

(2)重大安全事故数量

重大安全事故界定：造成 10 人以上 30 人以下死亡，或者 50 人以上 100 人以下重伤(包括急性工业中毒，下同)，或者 5 000 万元以上 1 亿元以下直接经济损失的；客运列车脱轨 18 辆以上；货运列车脱轨 60 辆以上；客运列车脱轨 2 辆以上 18 辆以下，并中断繁忙干线铁路行车 24 h 以上或者中断其他线路铁路行车 48 h 以上；货运列车脱轨 6 辆以上 60 辆以下，并中断繁忙干线铁路行车 24 h 以上或者中断其他线路铁路行车 48 h 以上。

(3)较大安全事故数量

较大安全事故界定：造成 3 人以上 10 人以死亡，或者 10 人以上 50 人以下重伤(包括急性工业中毒，下同)，或者 1 000 万元以上 5 000 万元以下直接经济损失的；客运列车脱轨 2 辆以上 18 辆以下；货运列车脱轨 6 辆以上 60 辆以下。

(4)一般安全事故数量

一般事故分为一般 A 类事故、一般 B 类事故、一般 C 类事故、一般 D 类事故。

1.5 铁路客货运输效能与服务水平提升理论体系框架构建

铁路综合效能与服务水平提升理论技术体系研究，涵盖了战略、战术、运作、平台、应用五个层面，其理论科学问题及关键技术体系与主要研究内容之间的关系如图 1.15 所示。

1.5.1 铁路客货运输效能与服务水平提升关键问题

铁路客货运输效能与服务水平提升，旨在铁路“新形势”的大背景下形成铁路综合效能与服务水平提升理论与方法体系，拟解决成网条件下运输需求、服务模式与运力配置协调机理、铁路客货运输全过程多粒度时空服务网络耦合特征及提效机制、路网全局安全状态演化规律与主动调控机理三方面科学问题。

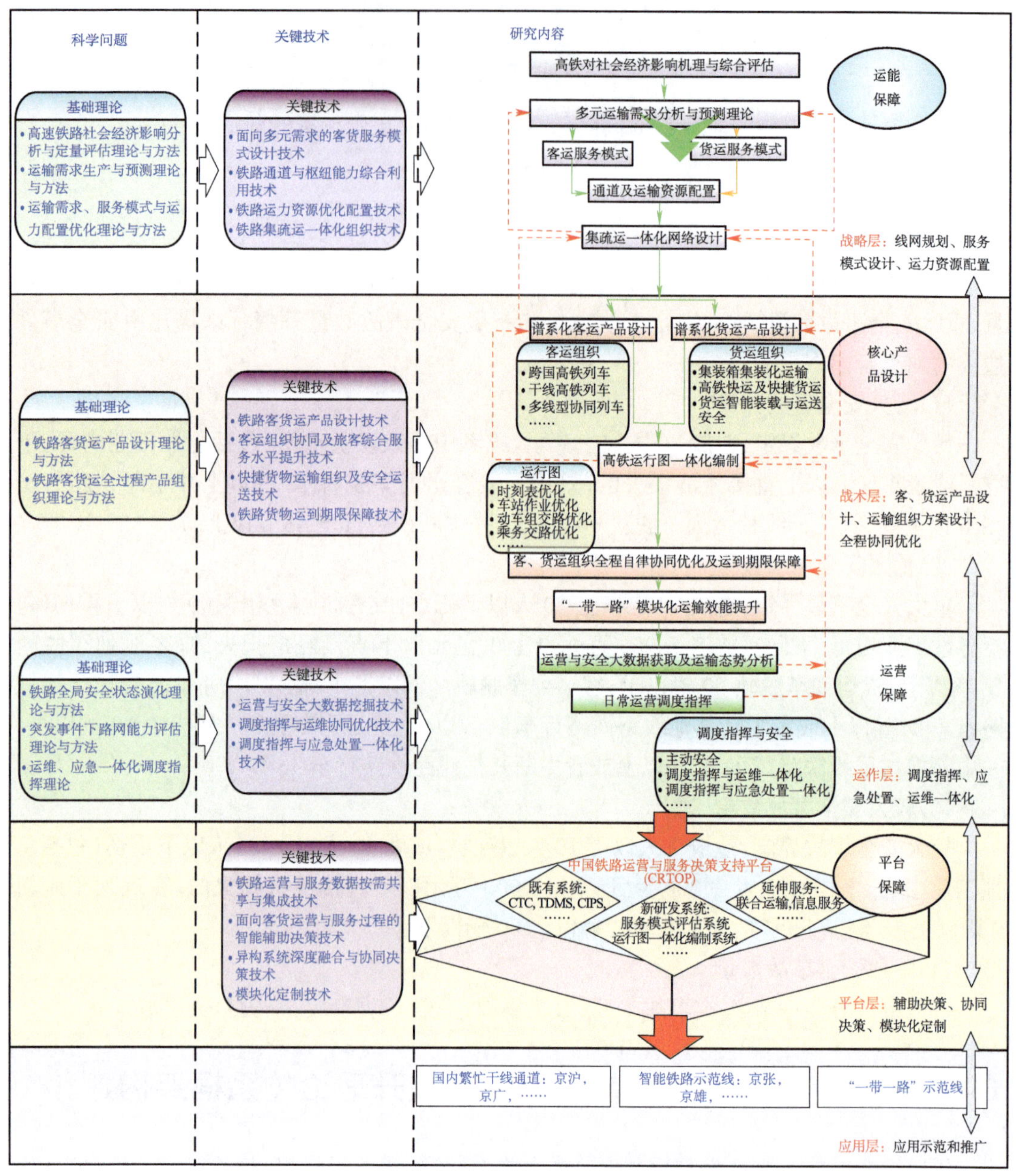

图 1.15　项目科学问题及关键技术与主要研究内容关系图

1. 成网条件下运输需求、服务模式与运力配置协调机理

为解决不同运营条件线路服务模式设计、不平衡运力资源分布与多样性运输需求在大规模路网上的定量、精准适配难题，应深入研究运输需求与供给间平衡关系、服务模式与运力配置动态适配机制，科学揭示新环境下运输需求、服务模式与运力配置协调机理，明晰三者间的派生和源发关系、互动影响关系，实现运输供需的静态匹配和动态协调，为运力资源配置这一大规模复杂问题在宏观（路网）、中观（通道）、微观（节点）三个层面上的综合优化

提供理论依据。

2. 铁路客货运输全过程多粒度时空服务网络耦合特征及提效机制

为解决全链条、跨区域、跨部门的铁路客货全程运输精准协同难题，需深入研究运输全程主要环节在时间上、空间上的作业演变，导向构建客流、货流、车流、列流时空适配的运输服务网络。明晰运输作业演变与运输计划变化的映射关系，揭示基于运输计划构建的不同粒度客货运服务网时空耦合特征与运输效率的作用关系、反馈机理，掌握运输服务网络中瓶颈转移转化及供需平衡规律，形成适应不同铁路产品特点的客货运输效能提升机制，为全程运输计划一体化编制、运到期限保障提供理论基础。

3. 路网全局安全状态演化规律与主动调控机理

明确路网全局运行所涉及主要因素之间非线性动态紧耦合特征，揭示路网风险因素的致因互联机理和风险因素与路网全局安全状态映射机理，进一步掌握安全状态时空动态演化规律。针对开放市场条件下运输需求复杂动态多变和多运营主体竞合博弈特点，揭示运输需求、调度指挥计划、行车资源之间互馈机理。突破该科学问题将为深入研究铁路全局运行状态监控、风险辨识与管控，调度指挥、综合维修和应急处置协同优化方法和形成“服务、效率和安全”一体化主动调度指挥关键技术，提供基础理论指导。

1.5.2 铁路客货运输效能与服务水平提升关键技术

铁路客货运输效能与服务水平提升理论在三方面科学问题研究的基础上进行关键技术研究，主要包括：高铁成网条件下的客货运需求预测、服务模式设计与资源配置技术，适应大规模路网与差异化运输需求的客货运效能与服务水平提升技术，面向开放市场与主动安全的铁路网运营综合保障技术，面向路网的运营与服务协同决策支持技术。

1. 高铁成网条件下的客货运需求预测、服务模式设计与资源配置技术

针对高铁成网后客货运输需求规模、结构的时变特征，既有需求预测技术在应用规模、范围、精度上支撑不足，亟待解决细分运输市场、适应时空波动、覆盖多种效用形式，考虑服务属性的需求预测关键技术；现有服务模式对需求的动态适应性不足，需求、服务、运力三元耦合协调程度不高，亟待解决多元需求组合与多种服务模式定性式匹配定量化评价、基于服务蓝图的多粒度需求服务模式选择及方案设计等关键技术；高铁成网后运力资源要素规模庞大、类型复杂、耦合约束众多，亟待解决高铁与既有线运能协调利用、通道与枢纽通过能力协调利用、多层次网络下货运集疏运一体化协调组织、面向多元需求与复杂服务模式的运力资源瓶颈识别与统筹协调等关键技术问题。

2. 适应大规模路网与差异化运输需求的客货运效益与服务水平提升技术

基于超大规模网络无损简约、网络动态流量分配等方法，解决适应多服务模式和复杂路网结构的网络化列车开行方案优化难题，并解决多方式、跨国界/跨区域客运组织协同优化问题。攻克铁路成件包装货物快装快卸、大轴重条件下的货物加固、铁路货物运输安全监测等技术难题，形成货物智能装载与运送安全技术规范。设计差异化 OD 运到时限估算、全程运输时间分配、货物在途监测与预警、运输计划适时调整的优化流程，形成货物运到时限保障技术。结合物流链诊断技术、Petri 网仿真技术，解决专业化、分层次的快捷货运服务体系构建问题。

3. 面向开放市场与主动安全的铁路网运营综合保障技术

现有“情景-应对”式的列车调度指挥模式无法适应路网风险传播的复杂性和不确定性，需要研究“预测-应对”式的调度指挥技术，实现列车运行全过程智能预警与风险管控以及“服务、效率和安全”的一体化。攻克列车运行全过程智能预警与风险管控技术难题，做到运营与安全风险隐患的自动感知；攻克运行计划偏离预测及运行计划批量调整、智能调整等关键技术难题，实现兼顾服务质量、运营效率与行车安全的一体化调度指挥系统。

4. 面向路网的运营与服务协同决策支持技术

铁路各信息系统由于建设周期与背景不同，各业务系统的网络环境、技术架构、数据库选型等有较大差异，增加了业务数据采集、功能融合、协同决策的复杂度。高铁成网条件下客货运输需求日益增长、供给相对不平衡不充分，实现客货运输协同决策有助于提高铁路运营效率与服务质量。为提高运营与服务的协同决策水平，需对面向路网的运营与服务协同决策支持平台开展研究，解决铁路运营与服务数据按需共享与交互、智能协同决策、异构系统深度融合与模块化定制等关键技术。

1.5.3 铁路客货运输效能与服务水平提升理论体系框架介绍

铁路客货运输效能与服务水平提升理论体系框架围绕战略、战术、运作、平台、应用这五个层面进行构建：战略层从新常态下运输需求入手，首先对我国高速铁路与社会经济之间相互关系进行研究，探索高铁社会经济影响机理，研究成网条件下高速铁路与社会经济的时空协同演化机理，进而在保障促进社会经济的大背景下研究客货运服务模式设计与运力资源配置技术，提出新型运力资源配置与优化理论及高铁能力计算加强理论；战术层在战略层的基础上，研究我国高速铁路网络化耦合特性，找出客货运输效能与服务水平提升瓶颈，进而从流程再造及产品设计方面提出相应的新型客货运效能与服务水平提升技术，对铁路客货运输产品设计理论和铁路全过程运输组织及计划编制理论进行研究；运作层重点研究新型客货运输组织技术的落实运营综合保障技术，从大数据、智能化、信息化等方面为新型技术体系的落实提供保障，对于运行过程中的风险进行路网运行风险与动态调控理论研究，同时为保障运行图稳定性，研究路网图定能力动态评估及运维配置理论；基于以上理论研究，平台层将以上技术理论整合，开发设计面向路网的运营与服务协同决策支持系统（CRTOP）——系统由“一个平台”“两个规范”“三个领域”“多个功能”组成，实现铁路客货运输数据跨部门、跨专业、全流程的采集、共享与集成应用，支持铁路客货运输全过程协同决策，进而为新型技术体系的应用提供平台支持；应用层将新型的“CRTOP”技术理念应用于实际，开展工程示范应用，论证新形势下客货运输工程理论技术对于铁路客货运输效能服务水平提升的实际效应。整体框架如图 1.16 所示。

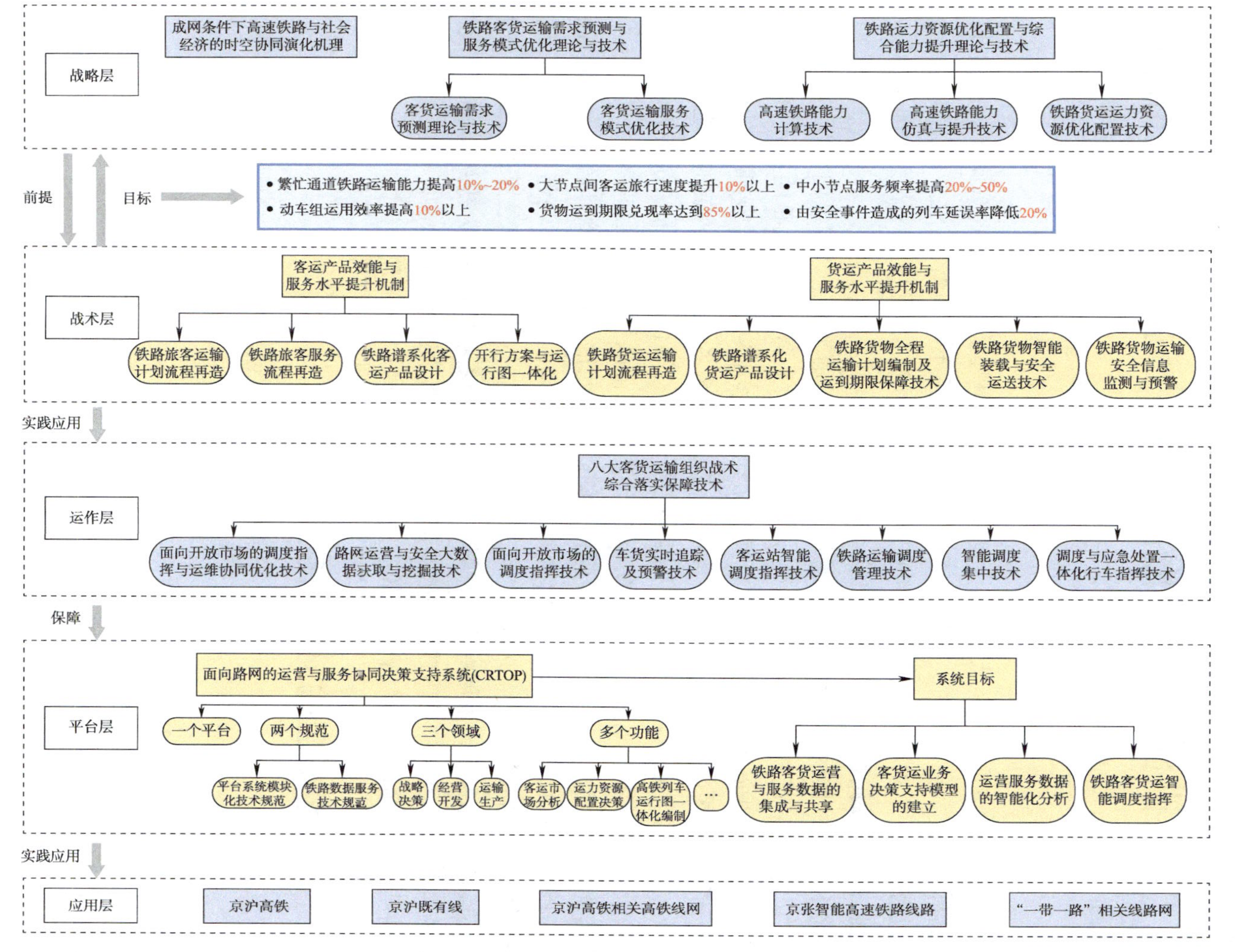

图 1.16 铁路客货运输效能与服务水平提升理论体系框架图

2 铁路客货运输网络耦合对运输效能的影响

我国铁路建设取得的巨大成就，主要体现在铁路里程快速增加、列车速度快速提升以及铁路科技快速发展等方面。我国铁路运输的供需关系不断调整，需求多样化、服务人性化已成为必然。需求网络、物理网络和服务网络相互影响、共同促进，网络间的耦合效果不断加强，有利于铁路客货运输效能与服务水平的提升。

此外，我国铁路的迅猛发展，还体现在铁路建设质量的飞跃上，“四纵四横”高铁网提前建成，“八纵八横”高铁网不断加密成型。高速铁路建设取得了举世瞩目的成就，也使我国拥有了全世界最发达的高铁网。随着行业国际竞争力和影响力不断增强，高速铁路已成为“一带一路”的重要领域和中国高端装备“走出去”的闪亮名片。世界科技的快速更迭对铁路行业产生了深刻影响，特别是新一代信息技术、新材料等代表性成果在铁路的研发与应用，将推动铁路技术领域不断实现新的突破。这些具有前瞻性、先导性和探索性的新技术，成为传统产业技术升级迭代和新兴产业技术创新发展的重要基础。高新技术大量涌现和广泛应用使铁路技术领域呈现交叉化和集成化，对铁路来说，传统技术与新技术之间、新技术与新技术之间在多层次、多维度上相互交叉、相互渗透。铁路是高新技术的集成，系统联动、专业融合是铁路技术发展的重要特征。世界科技的快速更迭必将为铁路技术的发展注入新的强大动力，在交通强国建设的战略部署下，有必要紧密结合运输实际需求，超前布局并加快推进关键领域新技术、新装备的研发应用，开创铁路发展的新时代。

2.1 铁路客货运输网络时空演变规律

2.1.1 铁路客货运需求网络时空演变规律

1. 铁路客运需求网络时空演变规律

客运需求即旅客运输需求，是指在一定的时期内、一定的价格水平下，社会经济生活在旅客空间位移方面所提出的具有支付能力的需要。在一定时间和空间范围内，不同的旅客根据自己的需求选择铁路运输服务列车，沿铁路线网向某一方向流动，形成客运需求网络。客运需求网络具体表现为在一定时期不同地区、不同方向的旅客运输量和旅客运输周转量。

客运需求网络的时空演变受多方面外力的作用。一方面，经济结构不同、社会和地区分工协作、生产专业化程度提高是客运需求产生的直接动力。地区间和各经济环节之间是密切联系的，这些联系的纽带之一就是客运需求。经济和社会活动的活跃，将使客运需求不断提高。另一方面,交通运输网络的发展是客运需求产生并得以实现的重要基础。交通运输网络的发展和完善是实现地区间联系的必要条件,影响着区域联系的数量、能力、强度、速度和流向。随着我国铁路线网规模不断扩大、客运服务的逐渐完善,铁路客运需求也随之不断演变发展,在时间和空间维度呈现出了多种多样的规律和特征。

当前我国铁路客运需求主要具有以下几个特征:

(1)高端客运需求快速增长。我国经济总体上保持平稳较快发展,根据马斯洛需求层次理论,人们在解决基本生活所需后,需求将从追求物质消费向追求精神消费和服务消费转变,因此,医疗、文化、体育、娱乐、旅游等市场会出现巨大的增长空间,与之相关的消费性客运需求也快速增加。同样,我国铁路客运需求结构中的消费性客运需求比重将会不断提高。

(2)客运快速化的需求越来越高。旅客的时间价值是旅客旅行中所耗费时间的机会成本,或旅客对旅行时间节省的支付意愿,它反映了人类社会经济活动中的时间效率。随着经济社会的发展和人们收入水平的提高,旅客的时间价值不断增加,旅客对于节省时间的需求越来越迫切,高速公路、航空、高速铁路等快速客运方式将优先成为旅客理想的出行方式,且旅行时间成为各运输方式间竞争的重要衡量指标。

(3)旅客运输需求呈现出多样化、个性化的发展趋势。由于人们收入水平、旅行目的、旅行消费模式等的不同,对旅行速度、费用的承受能力、旅行的舒适性等的要求是不同的,即使是同一个人的不同旅行目的,其对旅行方式的要求也是不同的。我国国土辽阔、区域经济发展水平差距较大,人们的收入水平以及文化习俗等有很大不同,因此旅客对出行方式的多样化提出了更多的要求,需要有多样化、多层次、多方位的旅行方式和产品,并享受除旅行以外的其他拓展服务,以不断丰富、充实旅途生活。

(4)公益性与盈利性运输需求并存。铁路是大众化的交通工具,提供的运输服务需具备广泛性和公平性。铁路政企分开后,中国国家铁路集团有限公司拥有相对的经营自主权以实现其盈利性。从企业性质上来说,铁路与航空、公路等运输方式相类似,均具有公共性和企业性,但铁路由于具有大众化、受众范围广、统一经营等特点,决定了其提供客运产品必须首先以体现公平性为前提。公平性有两层含义:一是占用同等运输资源的不同旅客在运价上的公平性;二是在运输产品资源短缺情况下,对不同层次旅客实现运输的公平性。我国铁路运营的普速铁路基本上为公共资本投入,而高速铁路投入资本多元化,这个特征决定了普速铁路更侧重公益性,高速铁路更侧重盈利性。

(5)要求形成旅行产业链整体优势。随着经济全球化、知识化、信息化的兴起,产业价值链上、中、下游的关联性越来越密切,要求企业的单体优势转化为产业的整体优势,从而形成产业的核心竞争力。旅客全程出行行为产业链呈现出多种形态,涵盖了以行、游、住、食、购、娱六大要素为主的诸多产品服务及部门。这些要素之间应开展以战略联盟、优势互补、资源共享、流程对接和文化融合等为特征的深度合作,以发挥规模效益、协同效应、联合营销、信息和人力资本优势。从提供的产品形式看,随着铁路客运产业价值链的延伸,铁路企业提供给旅客的不仅仅是出行服务,还应包括产业价值链上的关联产品。

我国铁路在"十三五"规划期间,铁路客运网的建设重点围绕高速铁路和城际铁路两方面展开,铁路客运市场相应得到快速发展。

高速铁路输送能力大，安全可靠，在一定的旅行距离范围内具有节省时间、舒适度高、受气候影响小、方便旅客出行等特点，又具有节省石油和土地资源、保护生态环境、减轻交通拥堵等优势，是解决运输大通道上大量旅客输送问题的最有效途径，已成为世界各国铁路的普遍发展趋势。高速铁路是高新技术在铁路上的集中反映，它使交通运输结构发生重大变化，是铁路重新崛起的重要因素之一。"十二五"以来，我国高速铁路网建设持续快速推进，京沪、京广、哈大、兰新、沪昆杭长段等高速铁路相继建成运营，以"四纵四横"为主骨架的快速铁路网初步形成，这使铁路运输在运量相对集中的繁忙干线上实现了客、货分线，有效缓解了铁路运能紧张的局面，铁路客运能力大幅度提高。

根据《铁路"十三五"发展规划》，我国铁路在全面贯通"四纵四横"高速铁路主骨架的基础上，推进"八纵八横"主通道建设，推进一批客流支撑、发展需要、条件成熟的高速铁路项目，构建便捷、高效的高速铁路网络，拓展服务覆盖范围，缩短区域间的时空距离。铁路客运量增长潜力巨大。高速铁路的建成彻底改善了沿线地区交通落后的局面，提升了通道内客运条件，吸引区域客运需求将从被抑制的现状彻底得到释放，成为所在通道沿线居民出行主要依赖的重要交通方式。

《铁路"十三五"发展规划》的关键是建设与新型城镇化发展相适应、服务城市群间及内部旅客运输的城际铁路，重点建设京津冀、长江三角洲、珠江三角洲等地区城际铁路，为构建"轨道上的城市"打好基础。城际铁路是服务于经济区或城市群的网络化快速轨道交通系统，主要承担沿线各城市和主要中心城镇之间的客流，并兼顾城市组团和次中心城镇间的客流。拓展区域城际客运，是区域经济一体化建设和城市群发展的必然要求，是适应可持续发展战略的需要。"十二五"期间，我国逐步规划建设了长江三角洲、珠江三角洲、环渤海地区、长株潭城市群、中原城市群、武汉城市圈、成渝经济区、关中城市群、海峡西岸经济区以及呼包鄂地区、北部湾地区、鄱阳湖生态经济区、滇中地区等城际铁路。"十三五"期间，随着城际铁路建设规模的不断扩大，大部分城际客流逐渐由城际铁路承担。总的来看，城际客流将是我国增长潜力最大的客运市场，也是铁路客运量最大的增长点。"十三五"期间，大批城际铁路的建成大幅度提高了铁路城际客运能力，有力促进了铁路扩大城际客运市场吸引范围，城际铁路客运量呈现大幅增长，并成为铁路客运总量增长的重要支撑。

2. 铁路货运需求网络时空演变规律

铁路货运需求增长的四阶段理论指出，在经济和铁路发展的不同阶段，总量性和结构性需求增长对铁路货运需求增长的影响大小和方向有四种组合，按照组合的不同，可以将铁路发展的历史进程分为四个阶段：

第Ⅰ阶段，结构性影响为正向，且结构性影响大于总量性影响；

第Ⅱ阶段，结构性影响为正向，且总量性影响大于结构性影响；

第Ⅲ阶段，结构性影响为负向，且总量性影响大于结构性影响；

第Ⅳ阶段，结构性影响为负向，且结构性影响大于总量性影响。

由四个阶段总量性和结构性影响的方向和大小，可以得出不同阶段总量性需求、结构性需求以及铁路货运需求的变化趋势为：在第Ⅰ阶段和第Ⅱ阶段，总量性需求、结构性需求以及铁路货运总需求均为上升的变化趋势；第Ⅲ阶段，总量性需求上升，但结构性需求下降，由于此阶段总量性影响大于结构性影响，铁路货运总需求仍呈上升趋势；第Ⅳ阶段，总量性需求上升，结构性需求下降，由于此阶段结构性影响大于总量性影响，铁路货运总需求呈现下降趋势。不同阶段各需求量的变化情况见表 2.1。

表 2.1 四个阶段三种需求量变化趋势的理论特征

阶 段	总量性需求	结构性需求	铁路货运总需求
第Ⅰ阶段	上升	上升	上升
第Ⅱ阶段	上升	上升	上升
第Ⅲ阶段	上升	下降	上升
第Ⅳ阶段	上升	下降	下降

图 2.1 表示的是铁路货运需求增长曲线，其中：A 点前为第Ⅰ阶段，A、B 点之间为第Ⅱ阶段，B、C 点之间为第Ⅲ阶段，C 点后为第Ⅳ阶段。在第Ⅰ阶段，结构性影响因素为主导因素，铁路货运需求增长主要源于结构性变化，结构性需求的高速正向增长导致了该阶段为铁路货运需求增长最快的阶段；在第Ⅱ和第Ⅲ阶段，总量性影响因素为主导因素，而结构性需求在第Ⅱ阶段的正向增长和在第Ⅲ阶段的负向增长分别加快和减弱了相应阶段的铁路货运需求增长速度，使这两个阶段分别成为铁路货运需求增长较快和较慢的阶段；在第Ⅳ阶段，结构性影响因素为主导因素，结构性需求快速负增长并超过总量性需求正向增长的影响，导致该阶段铁路货运需求处于缓慢下降阶段。

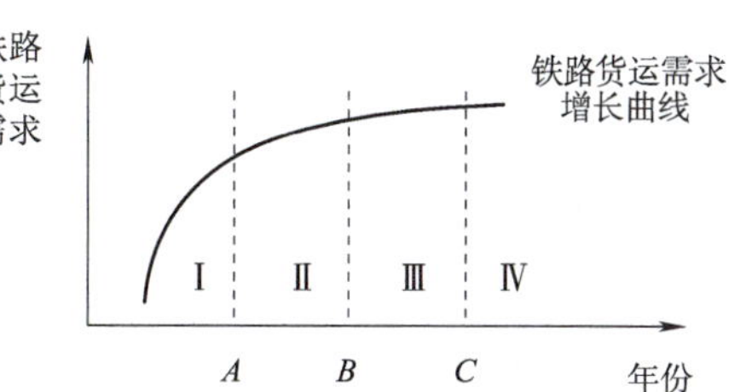

图 2.1 铁路货运需求增长的四个阶段示意图

铁路货运需求增长的四个阶段是经济发展的不同阶段在铁路货运领域的反映。因此，基于产业结构所决定的经济发展阶段，可以对铁路货运需求所处增长阶段做出判断。

我国 1950～2018 年铁路货运量和铁路货物周转量变化情况如图 2.2 所示。

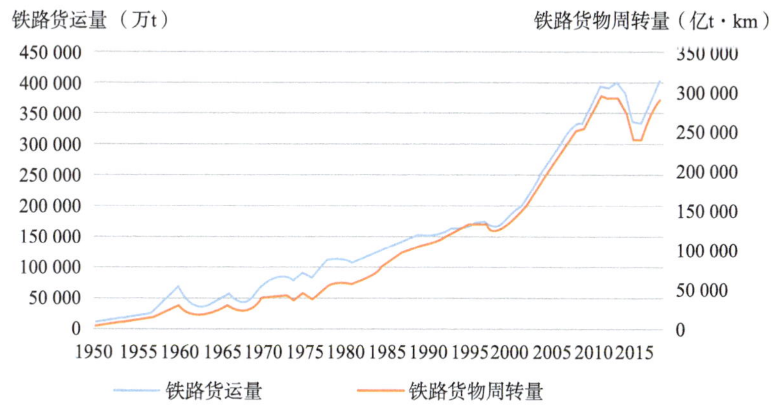

图 2.2 1950～2018 年我国铁路货运量和铁路货物周转量

注：1993 年起铁路货物运输增加行包运量。

数据来源：国家统计局官网。

(1)1950～1989 年:铁路货运需求增长处于第Ⅱ阶段

中国在 20 世纪 50 年代至 80 年代这段时期,产业结构的高度大体上相当于主要发达国家在 20 世纪末和 21 世纪初的水平。主要发达国家在 20 世纪末和 21 世纪初均处在其铁路发展的第Ⅱ阶段。可见,中国在 20 世纪 50～80 年代期间,铁路货运需求增长也大致处于第Ⅱ阶段。

(2)1990 年至今:铁路货运需求增长处于第Ⅲ阶段

铁路货运需求增长的第Ⅱ阶段与第Ⅲ阶段的本质区别就在于结构性影响和结构性需求增长的方向不同。在第Ⅱ阶段,结构性影响和结构性需求增长为正向,而在第Ⅲ阶段,结构性影响和结构性需求增长为负向。结构性需求增长为正向,主要意味着产业结构的变化是由铁路需求低的结构状态向需求高的结构状态变化;相反,则主要意味着产业结构的变化是由铁路需求高的结构状态向需求低的结构状态变化。可见,通过产业结构变化方向的考察就可以主要地把握结构性需求增长的方向状况,从而断定铁路货运需求增长是处于第Ⅱ阶段还是第Ⅲ阶段。

我国于 20 世纪 80 年代末至 90 年代初进入铁路货运需求增长的第Ⅲ阶段。从产业结构变化的角度来看,我国从 20 世纪 80 年代开始产业结构已逐步发生了根本性变化,并且确立了其新的长期发展趋势。我国产业结构不断向高级化方向发展,必然导致铁路货运的结构性需求增长的方向发生相应变化,即由正向增长逐步转变为负向增长,于是,铁路货运需求增长也相应地由需求增长的第Ⅱ阶段逐步过渡到第Ⅲ阶段。因此,基于产业结构的变化,可以认为:20 世纪 80 年代,我国铁路货运需求增长开始由第Ⅱ阶段逐步过渡到第Ⅲ阶段,并于 80 年代末至 90 年代初进入铁路货运需求增长的第Ⅲ阶段。

从空间上看,我国各地区 1980～2018 年的铁路货运量情况(不含港、澳、台)如图 2.3 所示。东部地区包括北京、天津、河北、辽宁、上海、江苏、浙江、福建、山东、广东;中部地区包括山西、吉林、黑龙江、安徽、江西、河南、湖北、湖南、海南;西部地区包括内蒙古、广西、重庆、四川、贵州、云南、西藏、陕西、甘肃、青海、宁夏、新疆。各地区铁路货运量的情况可大致

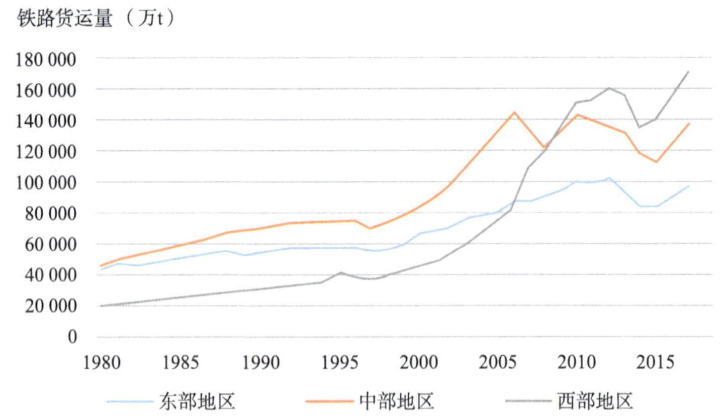

图 2.3　1980～2018 年我国各地区铁路货运量变化情况(不含港、澳、台)

注:1993 年起铁路货物运输增加行包运量。

数据来源:国家统计局官网。

反应区域铁路货运需求变化情况，将铁路货运需求空间演变历史分为三个阶段：1980～2000 年、2001～2008 年、2009～2018 年。我国铁路货运需求在空间上演变主要体现在西部地区货运需求的变化上，需求重心逐渐从中部转移到西部。

我国铁路货运需求增长趋势与经济发展阶段，尤其是工业化进程紧密相关。随着我国现代化进程不断推进，经济增长、能源消费需求增长、基本建设投资增长、完成工业化进程、大国特色等因素对我国铁路货运需求增长的总量性影响将持续存在，铁路货运需求正向增长的动因依然比较强劲。产业转型升级、能源结构调整和利用方式变化、城市化空间格局变化、运输结构变化等结构性因素对我国铁路货运需求的影响逐步增强，且影响方向不一，有正有负。总体来看，预计在 2030 年以前，推动铁路货运需求正向增长的力量强于使其负向增长的力量，我国铁路货运需求仍将处于低速增长阶段。

在货运需求总量增长的同时，随着产业结构调整、新兴产业和新兴业态的发展、居民消费结构升级，各类“白货”运输需求持续快速增长，铁路货运需求结构变化更为显著。预计在 2030 年前，铁路集装箱发送量、零担发送量占铁路货物发送量的比重将稳步上升，煤炭、冶炼物资等大宗货物发送量占比逐步下降。

我国铁路货运需求增长的第Ⅲ阶段将延续至 2030 年前后。2020 年至 2030 年间的 10 年时间将是我国产业结构调整和转型升级的关键期，传统制造业、重化工业、原材料工业在工业结构中的比重将逐步降低，高端装备制造业、新材料、新能源、生物医药、新一代信息技术等战略新兴产业在工业结构中的比重将逐步提高。由于我国的工业化过程与第三次工业革命相叠加，在提升改造传统产业的同时也面临着加快发展现代装备制造业、电子信息产业、生物医药产业等新兴产业和现代服务业的任务，同时还面临着发达国家重振制造业和大力发展实体经济为核心的“再工业化”战略的挑战，因而我国产业升级和结构调整任务艰巨，不可能在短时期内完成，从这一角度讲，我国铁路货运需求仍将处于低速增长阶段，不会过早地结束上升趋势。因此，预计我国铁路货运需求增长的第Ⅲ阶段将延续至 2030 年前后，从 1990 年算起将持续约 40 年时间。

2.1.2 铁路客货运物理网络时空演变规律

改革开放 40 多年来，中国铁路有质的飞跃，铁路运营的安全、快捷，让中国人出行越来越便利，由此也成为人们出行的首选；一条条铁路的修建，各类列车的开通，见证了中国发展的变迁，打开了中国铁路通向世界的大门。

铁路是国家的重要基础设施、大众化的交通工具，在我国综合交通运输体系中处于骨干地位。中国地域辽阔、人口众多、资源分布不均，所以经济、快捷的铁路普遍占有更大的优势，成为一种受广泛使用的运输方式。

2000 年，我国的铁路总里程为 6.6 万 km 左右，其中复线占有率只有 23.6%。

2010 年底，全国铁路营业里程 9.1 万 km，居世界第二位；其中高铁运营里程达到 8 358 km，在建里程 1.7 万 km，居世界第一；复线率和电气化率分别提高到 41%和 46%。

截至 2020 年底，我国铁路的运营里程达到 14.63 万 km，其中高铁里程达到 3.79 万 km，占铁路总里程的 25.91%。2008 年 8 月 1 日，我国第一条时速 350 km 的高速铁路——京津城际铁路开通运营。经过十余年的不断发展，我国高速铁路运营里程位居世界第一，高速铁路与普速铁路里程占比如图 2.4 所示，世界各国高速铁路里程对比如图 2.5 所示。

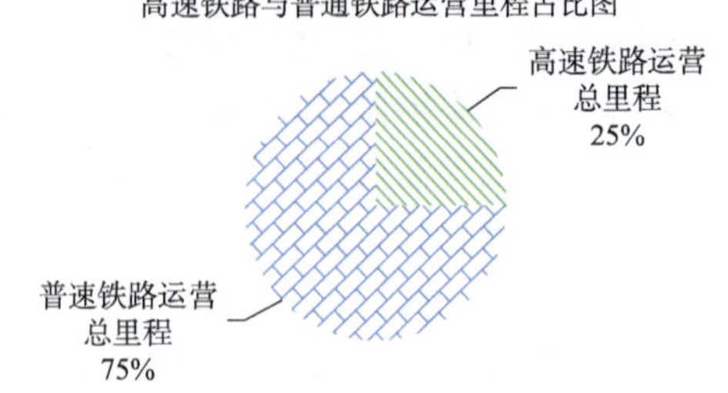

图 2.4　我国高速铁路与普速铁路运营里程比例

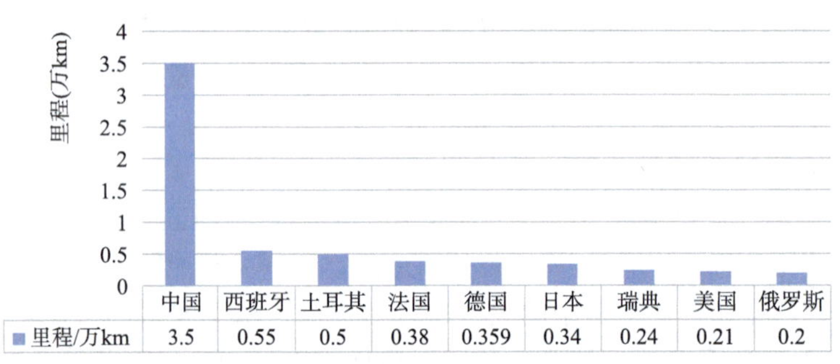

图 2.5　世界高速铁路运营里程及排名

我国虽然地域辽阔，资源丰富，但人均占有量较少，同时分布不均，地域间经济发展差距大。高速铁路的大力发展可以将这一短板适当补齐，为东西、南北之间提供高效率的运输能力，促进人员的流动，从而有利于资源的二次分布，将东西、南北之间的优势进行互补。

2004 年我国在《中长期铁路网规划》中提出高速铁路的建设并做出了规划，提出了“四纵四横”高速铁路网的建设，规划出通过构建路网骨架，实现客货分离。其中“四纵”包括杭福深高速铁路、京沪高速铁路、京哈高速铁路、京广高速铁路，“四横”包括沪汉蓉高速铁路、徐兰高速铁路、青太高速铁路、沪昆高速铁路。我国高速铁路运营里程占总里程的比重不断攀升，如图 2.6 所示。

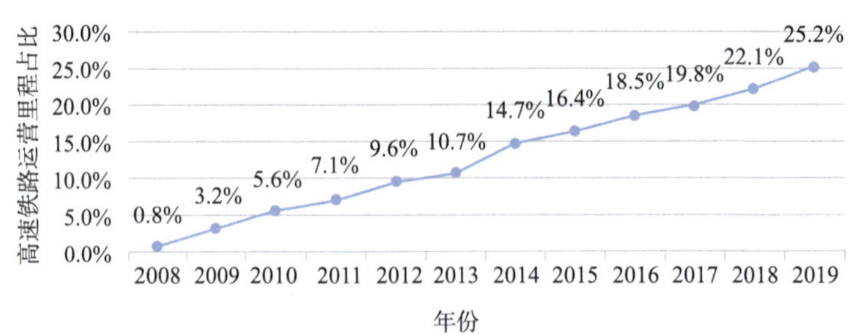

图 2.6　历年高速铁路运营里程占总里程的百分比图

随着“四纵四横”的不断完善，高速铁路的地位举足轻重。在原有规划的“四纵四横”主网络的基础上增加客流支撑以及发展需要的高速铁路，同时又充分利用了既有铁路，在2016年我国在《中长期铁路网规划》中又描绘了新的高速铁路网“八纵八横”的总布局。其中，“八纵”包括沿海通道、包（银）海通道、京港（台）通道、兰（西）广通道、京哈-京港澳通道、呼南通道、京沪通道、京昆通道，“八横”包括青银通道、绥满通道、京兰通道、沿江通道、广昆通道、陆桥通道、沪昆通道、厦渝通道。截至2020年底，我国高速铁路运营里程是2015年初的两倍，“八纵八横”的部分通道已经建设完毕并开通运营。

根据2019年末我国各省份的铁路通车运营里程数据，结合各省市土地面积数据，可以得出我国各省份对应的铁路网络密度（密度是通过各省、自治区、直辖市内的已经建设完成投入运营的高速铁路里程与各省及直辖市的土地面积的比值得到的，统计数据中不包含我国香港地区、澳门地区、台湾地区），如图2.7所示。从图中可以看出，大于100 km/万 km^2 地区大部分为在南方地区、沿海地区及直辖市，其中密度排在前五的地区中直辖市占三个，天津市的高铁网络密度占据第一位，上海市的高铁网络密度排在第三位，北京市高铁网络密度排在第四位，出现这种现状的原因是当地的人口、经济及发展状况等综合因素造成的。

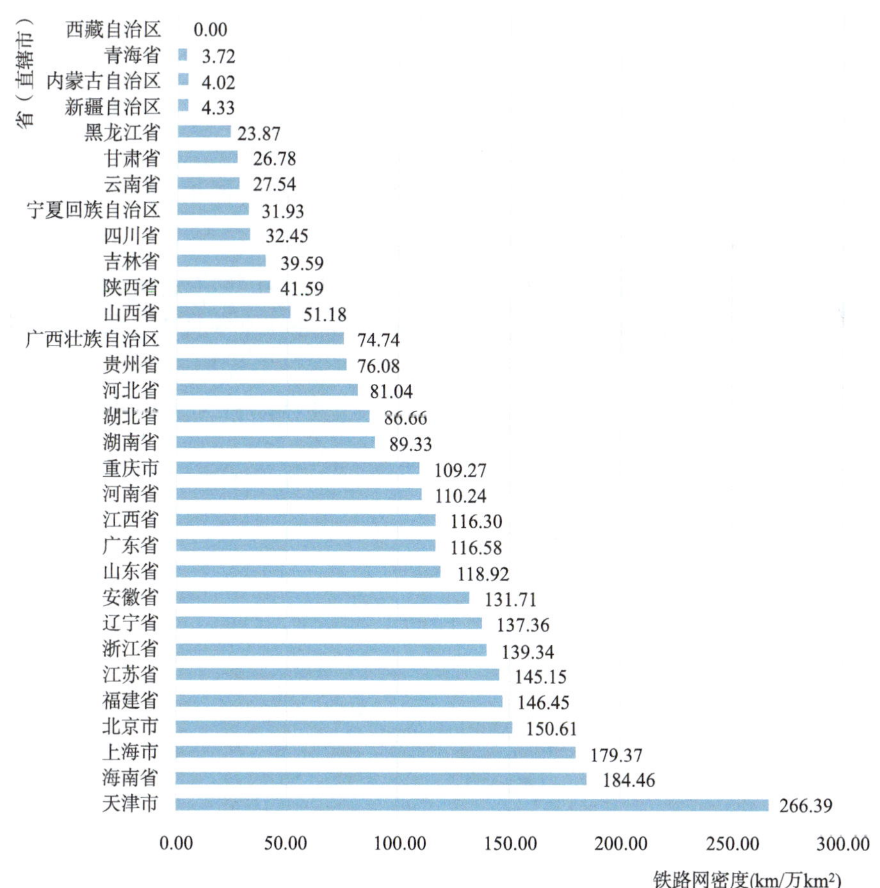

图2.7 各省、自治区、直辖市2019年高速铁路密度（不含港、澳、台）

2.1.3 铁路客货运服务网络时空演变规律

随着我国高速铁路的“四纵四横”网络的构建完成,“八纵八横”网络已经开始建设以及一些城市群的确定其用于连接城市与城市的物理网络也在规划建设。

2020年,随着京雄城际铁路盐通高速铁路等一系列城际线路和“八纵八横”干线支线的不断建设通车,我国高速铁路服务网络也在不断扩大、加密,使得出行的时距在不断地缩短,高速铁路的运行使得城市与城市之间的距离“缩短”了,图2.8能明显看出我国几个主要城市间的铁路运行时间不断压缩。

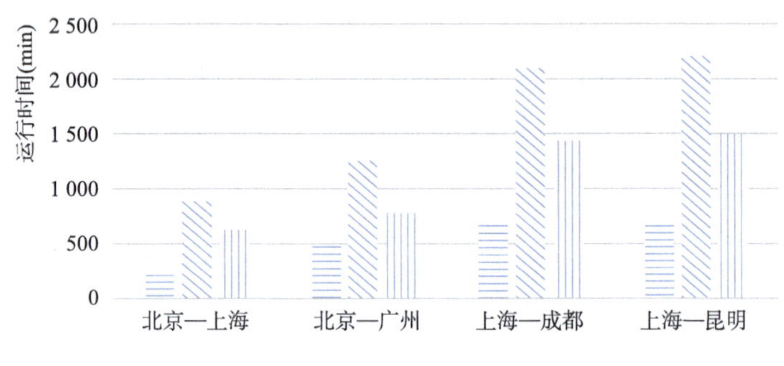

图2.8 部分城市之间高铁与普快出行时间的对比图

图2.9为高速铁路旅客周转量的变化情况及高速铁路分担的客运周转量占比情况。从高速铁路的旅客周转量来看,在2008年我国高速铁路刚刚建成通车,物理网络和服务网络都未成网时,高速铁路的客运周转量只有15.6亿人·km,到2018年时,我国高速铁路的“四纵四横”的物理网络已建设完成,“八纵八横”的通道也开始建设且部分线路已经通车运营,服务网络也早已形成,在列车的服务频率和密度方面还在不断地加强提高,高速铁路的客运周转量已经达到了6 875亿人·km,高速铁路的旅客的客运周转量与全客运市场的客运周转量从2008年的1%到2018年时提升到了20%,在铁路旅客客运周转量也从最开始2008年的0.2%到2018年时提升到了48.6%。

(a)高铁旅客周转量

图 2.9

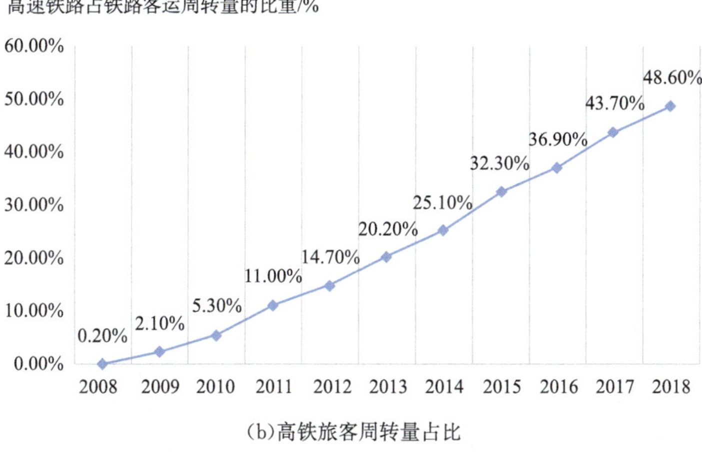

(b)高铁旅客周转量占比

图 2.9 高速铁路旅客周转量及占比图

服务网络的建设与物理网络的建设息息相关，物理网络在发展的过程中在空间的角度出现的不平衡的布局现象，同样服务网络在空间的布局的不平衡性也是存在的。

图 2.10 描述的是我国从 2008 年至 2015 年的高铁网络变化情况。2008 年京津城际铁路开通运营，拉开了服务网络高速铁路服务网络的建设，但是在随后的发展之中空间的发展出现了缓慢的不平衡现象。到 2009 年底，服务网络构建较为密集的区域并非以北京为首的华北地区，而是广州、武汉、长沙等南方地区。到 2010 年，北京所在的华北一带依然是孤立的，服务网络的密集度依然较低，网络分布密集的区域仍集中在广州、武汉等地，并呈现出网络状态。与此同时，华中及华北等地区呈现出了不少的单独的服务网络，如洛阳、西安等地区，苏州、上海、南京等地区的高速列车服务分别出现网络趋势。2011 年时，以北京为中心的高速列车的服务网络逐渐形成，华北地区的服务网络得到了加密，并且与全国其他地区的服务网络构建起了联系，如京沪线的高速列车开始运营，使得华北地区和东南沿海一带的网络连在一起。2012～2013 年，服务网络使得我国大部分重要的城市之间互相连通。2014～2015 年，西南、西北地区出现了高速铁路服务网络，如四川地区、新疆地区以及甘肃地区都出现了服务网络，但是四川地区和新疆地区的网络成封闭状。从 2016 年开始，高速铁路的服务网络逐步加密，且将一些孤立的网络建立起了联系，如四川地区的网络加入了大网络中，2019 年内蒙古地区通过京张高铁也并入了我国高铁网中。

高铁对城市空间结构的重要影响是缩短时空距离。表 2.2 对不同区域和规模城市进行高铁运行前后的对比分析，量化不同区域和城市的可达性。在全国范围内可达性大幅增加，有高铁城市可达性增加比例为 739.2%，无高铁城市增加 349.9%，有高铁城市比无高铁城市的可达性增幅大。但在不同地区和城市，可达性提高程度不同，存在地区差异。有高铁运营的西北地区可达性增长最高，增幅达 862.6%，而西南(709.8%)、华中(622.4%)、华东(663.5%)、华南(692.7%)地区的增长率低于全国水平(739.2%)。2006～2014 年，我国各城市和地区经济持续增长，可达性变化既有高速铁路新线开通的因素，也有经济增长的原因。

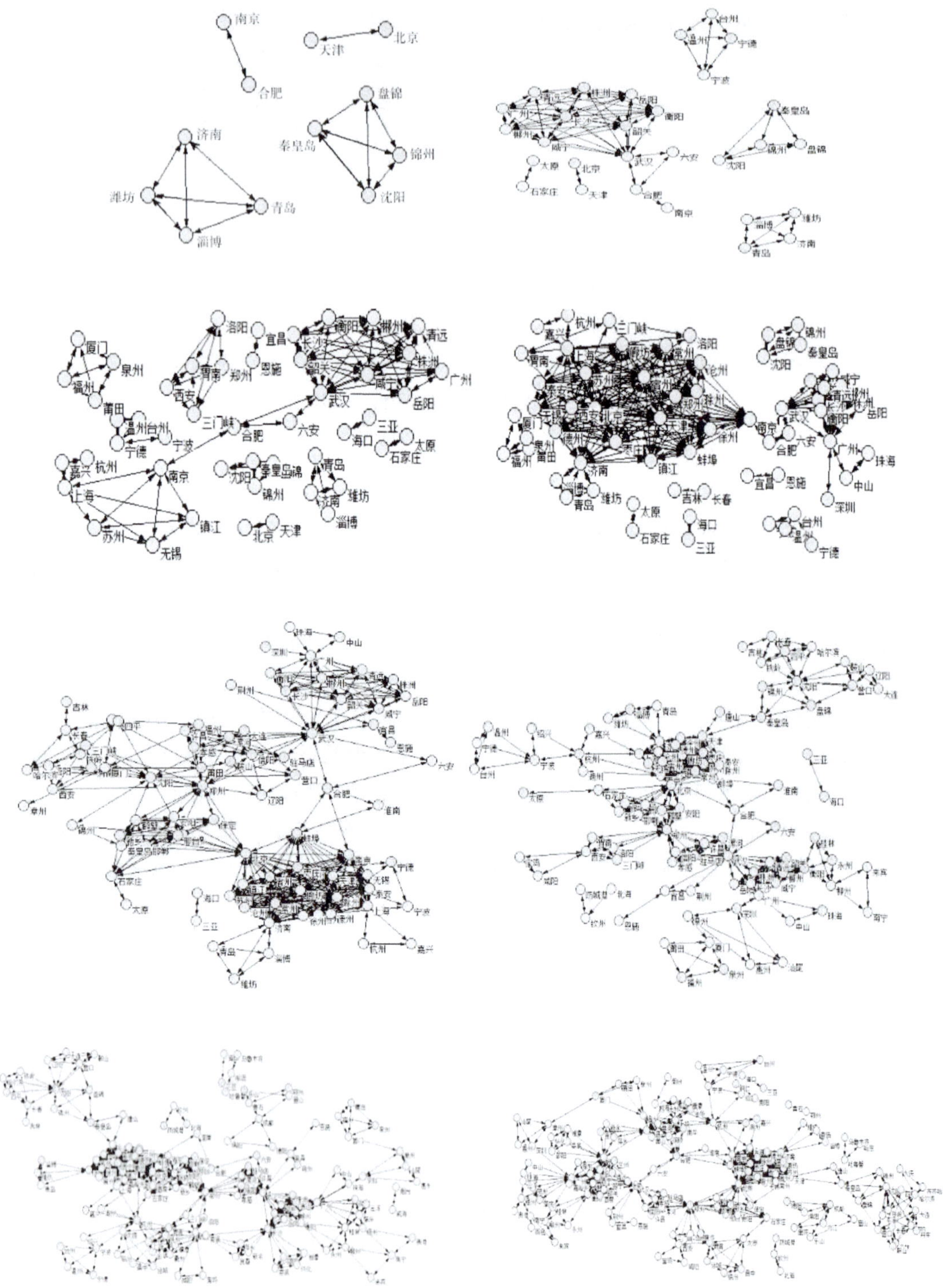

图 2.10 从 2008 年至 2015 年高铁网络发展图

表 2.2 中国城市可达性变化

地区	有高铁城市				无高铁城市			
	PA_{2006}	PA_{2014}	$PA_{14\text{-}06}$	PA_a(%)	PA_{2006}	PA_{2014}	$PA_{14\text{-}06}$	PA_a(%)
全国	239	2 006	1 767	739.2	239	1 075	836	349.9
华中地区	300	2 169	1 869	622.4	300	1 473	1 173	390.7
华东地区	300	2 291	1 991	663.5	300	1 475	1 175	391.4
华北地区	258	2 293	2 035	789.3	258	1 167	909	352.7
华南地区	212	1 682	1 469	692.7	212	1 176	964	454.6
西北地区	165	1 587	1 422	862.6	165	783	618	374.7
西南地区	152	1 231	1 079	709.8	152	775	623	410.2
东北地区	167	1 400	1 233	739.2	167	822	655	392.9

注：PA_{2006}、PA_{2014}分别代表 2006 年和 2014 年不同区域的城市可达性；$PA_{14\text{-}06}=PA_{2014}-PA_{2006}$；$PA_a=PA_{14\text{-}06}/PA_{2006}$，表示可达性增幅。

说明：由于 2006 年各区域城市均未开通运营高铁，因此各地区 PA_{2006}的取值相同。

随着我国铁路旅客运输业的快速发展，对于客运服务的设计开发，已经逐步开始从以运输组织为中心向以运输需求为中心的转变。铁路旅客运输服务在一定程度上得到了升级并趋于多样化，服务的服务质量也开始得到重视，从既有普速线的“绿皮车”到提速线的直达、特快列车，再到和谐号、复兴号动车组等，一系列旅客列车体现出我国铁路列车产品种类的不断丰富，我国铁路服务网络的不断完善。

铁路货物运输是我国中长途地面运输的主要运输方式。由于我国铁路货运传统上采用调度指挥型运输组织模式，使得我国铁路在货源组织、产品设计、运输组织、服务理念等方面，都只能被动、简单地考虑市场需求。虽然在 20 世纪 70、80 年代，以大宗货物为主的管理思路为提高铁路货运量、保障经济发展起到了很重要的作用，但是随着我国经济的发展、产业结构的升级和优化布局，社会运输的货运需求结构正在发生根本性变化，大宗货物运输需求逐渐减少，小批量、低密度的货运需求正在逐渐增加。尤其随着全社会物流业的迅猛发展，以面向全品类、全流程的物流服务理念越来越受到重视，并成为铁路货运发展的新目标。新型客户群体不断出现，市场细分差异化日益明显，多样化、异质化逐渐成为铁路货运客户需求的发展趋势。原本仅仅局限于大宗货物或者大客户的产品设计、服务方案已经不能满足运输市场的需要。

同时，面向全品类的铁路货运服务，要求铁路运输部门能够针对不同客户群体、不同市场细分，设计差异化的铁路货运产品体系，满足各类客户对铁路货运产品价格、运输时间、运输正点率、运输安全性、服务频率、服务灵活性、服务便捷性、中转服务等个性化、异质化的要求。同时，也要考虑铁路运输部门的经济效益，在运输总成本最低的前提下，设计出满足铁路货运客户服务质量要求的服务网络优化方案。此外，面向全流程的铁路货运服务，要求铁路运输部门能够充分整合运输资源，结合铁路运输运距长、运量大、运价低、污染小等技术优势，实现中长途铁路运输＋短途公路运输的“门到门”运输服务。

在这种背景下，以政企分开为契机，中国国家铁路集团有限公司陆续推出了一口价、实货制、提高运价自主权、建立营销责任制等一系列供给侧改革措施，并提出了客户导向的货运服务理念，开行了高铁快递、城际快运列车、特需专列等满足客户需求的特色货运产品，为稳定大宗货物运输，提高铁路货运在零散、白货运输市场的运输潜力，保持铁路货运量的稳定起到了一定的作用。2015 年零散货物运量、集装箱发送量较 2014 年分别增长 18.7%、20.2%。然而，零散白货和集装箱发送量的增长并没有带来铁路货运量和周转量的增长。2015 年全国铁路货运量、货运周转量分别下降到 33.58 亿 t、23 754 亿 t·km，国铁货运量、货运周转量分别下降到 27.14 亿 t、21 598 亿 t·km。从本质来看，铁路货运量、货运周转量以及货运市场占有率的下降，虽然受到国家宏观经济调整和公路运输竞争等外部因素的影响，但是最关键的是反映出铁路货运并不能很好地适应新的发展形势和新的货运市场格局这一内在因素。货运市场的既有竞争格局和市场占有率固然对货运客户的选择行为有一定的影响，但真正能够吸引货运客户的是各类运输方式所能够提供的货运服务类型、服务方案以及服务质量。

2.2 铁路客货运网络耦合机理及其影响

2.2.1 客运网络耦合机理

1. 客运网络耦合的含义

客运网络的耦合是指在我国铁路系统的长期发展历程中，三网相互推动彼此的扩张和演变。一方面，需求的聚集规模和分布特征是物理线网建设的关键驱动因素，物理线网的延伸相应地带动了基于物理线网的列车服务网络的发展和完善；另一方面，随着物理线网规模的扩大、服务网络的不断完善，旅客出行需求将得到一定的诱增，需求的流动方向也在一定程度上受到引导。三者关系如图 2.11 所示。

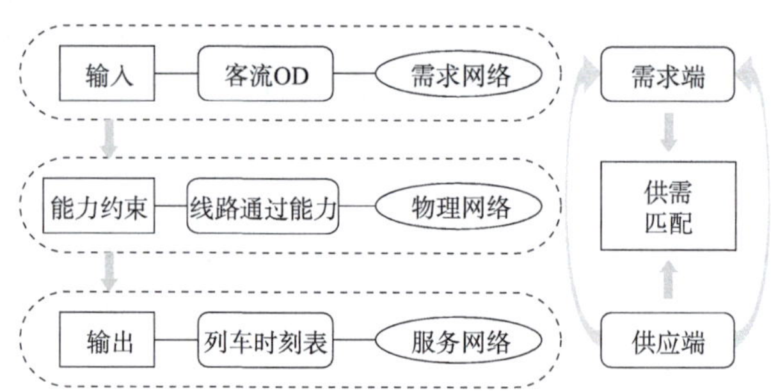

图 2.11　需求、物理、服务网络间的相互作用

铁路服务网络是在物理网络的基础上依据客流需求特征而构建的供旅客出行选择的连通网络，是编制旅客列车开行方案和列车运行图的基础。服务网络的构建依托于需求网络和物理网络，由于我国铁路网规模大、构成复杂，在复杂物理网络上构建的基于车流的服务网络更是庞大而又复杂。铁路的服务网络是一种周期性与非周期性相结合的时空服务网络。为保证运输服务质量，铁路服务网络设计时需遵循服务匹配、提高旅行速度、方便旅客、提高旅行舒适度以及经济合理性等原则。改革开放初期，旅客出行需求较少，网络线路较短，铁路列车服务车次也较少，客运服务网络水平也相应较低。随着需求的变化和线网

的扩张，客运服务网络也随之不断改变。尤其是进入21世纪之后我国高速铁路网络蓬勃发展，服务网络中可达性、时效性等方面都发生了巨大变化。

2. 客运网络中的关键要素及其相互作用

从铁路客运网络的耦合定义和各层次网络的特点来看，铁路客运需求网络、物理网络和列车服务网络三者之间存在着内部的关联机理。客运需求网络是出行需求沿铁路物理线网和列车服务网络流动构成的网络，是铁路客运市场中的需求；物理网络是铁路固定线路、车站等设施设备构建起来的，一定时期内，物理网络的建设规模有限且建设成本巨大，提供有限的规模和理论能力；列车服务网络是以物理网络为基础、以客运需求为导向构建起的虚拟网络，它将客流转化成运行在铁路线路上的列车流，形成各种类型的客运产品，在需求网络和物理网络之间进行博弈、权衡，是铁路企业最关键的运营主体，是铁路客运市场中的供给。因此，客运需求网络、列车服务网络、物理网络相互之间的耦合机理实质上就是铁路客运需求、能力与供给这三方面的相互作用机理。本节将从客运网络中的各个关键要素入手，对将客运需求加载到物理网络和列车服务网络中、列车服务网络如何利用物理线网提供的能力的过程进行进一步的分析。

铁路服务网络是以列车流为基础建立的，它是对路网车流的抽象；列车开行方案是通过一系列规则和手段将客流或者货流转化为列车流的运输计划，两者具有相同的本质，它们之间的对应关系体现在列车开行方案的各个组成要素中，对客运列车开行方案来说，主要包括列车种类、等级、起讫点、经由线路、开行频率、停站方案、车底运用等内容。将这些要素对应到网络的节点和弧段当中，即可体现出不同层次网络之间的耦合关系。

(1)客运网络中的节点

铁路物理网络、客运需求网络和服务网络中的节点分别有不同的含义。

物理网络中的节点是指实际路网中的车站节点，这些车站通常也是客流聚集地，因而也是需求网络中的节点。根据车站客流的大小，这些节点可被划分成不同层级，如路网级节点、区域节点等。在编制运输计划时，低等级节点的客流往往可归并至就近的高等级节点，从而对路网进行简化。

铁路服务网络中的节点是在物理网络、客流需求网络中实际节点的基础上，根据开行列车的停站方案、开行区段等信息生成的虚拟服务节点，按功能的不同可划分成不同类型，如出发节点、到达节点、旅客上下车节点、换乘节点等等。

不同层次网络中的节点之间存在着一定的相互作用关系，如图2.12所示。

首先，客流需求的聚集情况影响铁路网建设过程中的车站布局。

其次，物理网络中的车站节点布局和客流在不同节点的聚集情况共同决定了列车的服务节点分布。一方面，对于客流需求的旺盛的车站，其服务频率需达到某一水平才能保证大部分客流能够得到输送；对于某些客流量较小的车站，则可以适当减少列车的停站次数、采用跨站停的开行模式，从而提高整体的运行速度，使总体旅客的旅行时间得到节省。另一方面，由于车站布局和硬件设施条件的限制，列车的停站方案和起讫点的设置受到了一定的制约，有的车站不能设置动车段(所)，不具备始发终到作业的条件，因而不能作为列车起讫点；有的车站咽喉规模和股道能力有限，不能同时接发过多列车，这就限制了部分列车的停站。

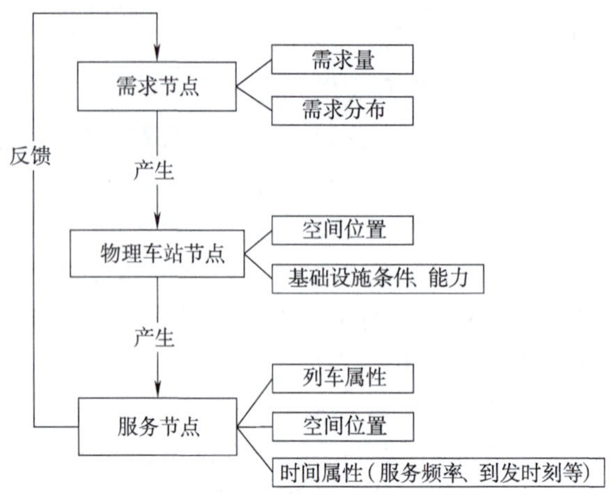

图 2.12　三层次网络节点之间的相互作用关系

最后,从长远规划的角度来看,服务节点的服务质量和服务频率将会对周边客流产生一定的诱导作用。

(2)客运网络中的边

铁路物理网络中的边是指连接两车站的静态物理线路,线路的条件和规模决定了铁路运输能力的上限。客运需求网络和服务网络中的边是指动态的客流和列车流。客运网络中的边之间的相互作用就是物理线路提供的能力、客流和列车流之间的关系。

首先,物理网络提供的线路能力和客流需求网络中的客流量、客流结构共同决定了列车开行的频率和方向。铁路线路的硬件设施为铁路列车的开行提供最基本的条件,决定了各个区间内列车开行数量的上限。客流从流量和流向两方面对列车的开行频率、开行方向提出了要求。

与客运网络中的节点之间的作用关系类似,列车流的频率和方向决定了铁路运输对旅客的服务质量,从长远角度看,较高服务水平的列车能够对沿途客流产生诱增的效果;客流在各个 OD 之间的出行量的演变将对铁路线路新线的规划和建设带来影响。

(3)客运网络之间的相互作用

铁路物理网络、客流需求网络、服务网络之间的耦合既是各层次网络中节点、边之间的耦合,也是与网络节点、边相关的客运网络要素之间的耦合。客运网络中各要素之间的相互作用可以揭示出各层次客运网络之间的耦合机理。

与客运网络节点和边相关的要素概括见表 2.3。

表 2.3　客运网络节点和边的相关要素

网络类型	客运网络节点相关要素	客运网络边相关要素
物理网络	车站始发终到条件	线路区间通过能力
	车站接发车能力	
	车站布局	
客流需求网络	节点客流量	客流 OD 出行量

续上表

网络类型	客运网络节点相关要素	客运网络边相关要素
服务网络	列车停站方案	列车开行区段
	列车起讫点	列车开行频率
		列车种类(列车定员)
		列车速度

列车服务网络的节点产生自列车的起讫点和停站方案。而列车的起讫点和停站方案的设置实际上就是根据需求在网络中的分布情况,从物理网络的车站节点中合理选取部分节点进行组合,组合的结果附加上一定的时间(例如到发时间、到发先后顺序等)或功能属性(如上下车、换乘等功能)就构成了列车服务网络中的节点。服务网络中各类节点的设置既体现了客流需求在网络中的聚集情况,又反映出到直达、跨站停、站站停等不同停站模式下服务网络与客流需求网络在结构上的匹配关系。

列车的始发、终到车站及经由线路组成的是列车在物理网络中的运行区段,结合运行区段、停站方案、列车种类、等级、列车开行频率等要素可进一步构成列车服务网络中的弧段。以乘车弧段为例,一条乘车弧段同时包含了运行的具体线路、运行时间、列车的类型(甚至具体到车次)、运行始终点、运行的起始和终止时刻、列车在各个区段可提供的运输能力等多种信息。其中,运行时间、起讫时刻、列车种类和等级影响到该弧段对旅客出行的阻抗大小:运行时间越长,相应的时间成本越大;不同旅客对起讫时刻有不同的偏好;列车种类和等级关系到该段运输的票价。列车开行频率、列车种类和列车停站方案在列车服务网络中共同反映出运输弧段的容量,而它们的决策很大程度上取决于客流需求网络的数量和结构。列车开行频率的决策一方面依据客流需求量的大小,另一方面又受制于铁路物理网络所能提供的通过能力。列车种类决定了列车定员,即一列车在某一运行区段能够承载的客流的上限。列车停站方案是根据客流在各个车站之间的分布结构和车站在物理线网中所处的位置而制定的,决定了列车服务网络中的乘车弧段的长度以及具体两个节点之间的弧段容量。

3. 客运网络中的多层次网络耦合方法

客运需求网络、物理网络、列车服务网络之间的三网耦合机理阐释的是需求、供给和能力之间的相互作用关系,是铁路运营部门如何利用对供给的调控来充分利用既有运输资源、满足客运需求的原理,进一步讲就是通过开行方案、列车运行图、车底运用计划、乘务计划等各种运输计划的编制,为不同的客运需求设计并提供各种客运产品。因此,客运需求网络、铁路物理网络、列车服务网络三者之间的耦合方法本质上就是科学合理的编制各类运输计划,通过实践这些运输计划,达到需求、供给与能力的匹配。

在这些运输计划中,旅客列车开行方案需要合理利用铁路现有线路设施和技术设备,决定列车的开行与否,确定列车种类、对数的组合和各方向列车之间的协调配合,是旅客运输运营组织的基础环节。旅客列车开行方案又是旅客列车运行图铺画基础,并和旅客运行图一起作为旅客列车运营组织的重要技术文件,对整个旅客运输组织工作有很重要的指导作用。因此列车开行方案和列车运行图的编制是三网耦合方法的核心内容。

(1)列车开行方案

旅客列车的开行方案,是指确定旅客列车运行区段、列车种类及开行对数的计划。旅客列车的始发站、终到站及经由的路线和停站构成旅客列车的运行区段,列车种类区别出列车不同的等级或性质,开行对数的多少表示行车量的大小。三者构成一个完整的旅客列车开行方案。

旅客列车的运行区段和开行对数基本上要遵循按流开车的原则,客流量聚集明显的车站需要纳入起讫点考虑范围,客流密度高的区段作为线路的瓶颈要重点关注,保证列车服务频率能达到一定的要求。同时还要结合列车运行区段两端站所在城市的政治经济地位、文化背景、地理位置、旅游资源、国防意义等诸多因素来加以确定。

随着我国国民经济的持续发展,人民生活水平不断提高,人们对出行服务有了更高的要求。同时出行服务要求更加细化和差异化,不同层次的旅客旅行目的不同,对旅行要求也不同,这就要求铁路在扩大旅客运输能力的同时,适应市场的要求及其变化情况,开行不同种类列车、不同档次的旅客列车,充分发挥铁路运输的优势,提高铁路在客运市场的竞争能力。

旅客列车对数确定得是否合理,是衡量开行方案质量的重要标志之一。它既要适应客流的需要,又要使客运设备得到经济合理地利用,做到既要避免座席虚靡,又要防止列车过度拥挤。

开行方案的编制涉及因素繁多,且其服务的客流需求规模巨大,难以一步得到最好的结果,因此在确定开行方案的目标之后,旅客列车开行方案的确定往往是一个多层次、多步骤的优化过程。其一般优化流程可总结如图 2.13 所示。

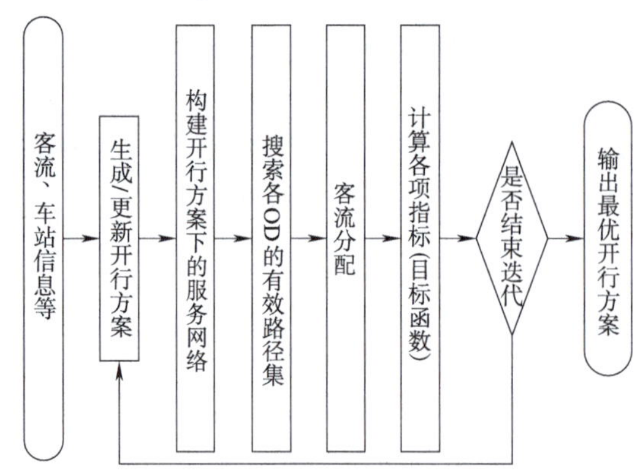

图 2.13　旅客列车开行方案优化流程图

(2)列车运行图

目前列车运行图主要分为周期运行图和非周期运行图两大类。

周期运行图由于其容易被旅客所认知,同时问题求解规模较低且保证列车运行的周期性,易于被铁路运营企业所接受,在荷兰、德国的国家铁路企业中,周期性运行图得到广泛应用。根据解决的主要问题不同,基于运筹学方法的优化模型的优化目标也不尽相同,这些目标通常包括:输出列车延误最小,旅客的等车时间、换乘时间甚至是列车的总旅行时间最小，运行图的抗干扰能力最佳等。常见算法包括基于周期事件规划问题(PESP)模型的求解算法等。

非周期性列车运行图问题的研究中最为常用的思路还是采用数学规划的方法，基于运筹学或者其他数学知识，一般采用时空网络图的方式描述列车运行状态，并应用时空网络构建网络流模型，设计相应的算法对模型进行求解得到精确的最优解或者近似较优解。非周期性运行图的优化涉及问题比较常用启发式方法来求解。启发式方法主要是将原有的列车运行图问题按时间、空间等规则分解为小规模问题进行迭代求解。经典的启发式方法思路包括：基于邻域搜索的启发式方法；“窗口镜法”；时间循环优化调整方法，即对阶段运行图按最早冲突优化方法进行优化，在阶段优化结果的基础上，周而复始按时间循环迭代进行求解；将问题分为车站等级和线路等级两层网络进行迭代的启发式方法，通过两层网络研究之间的不断迭代最后得到优化后的列车运行图；将列车分为若干等级的启发式方法等。此外，基于定序方法也是列车运行图求解常用思路，借鉴工序问题求解方法，将列车假设为任务，股道假设为机器，以此构建析取工序图求解列车通过股道的顺序及相应时间。

4. 三网耦合对效能和服务水平的影响

客运需求网络与服务网络的匹配协调涉及旅客列车开行方案等一系列客运产品的设计，包括列车开行方案、列车运行图、动车组运用计划、车站作业计划等。

不合理的开行方案和列车运行图无法保证列车的到发站和到发时刻符合客流运输需求，造成列流与客流的不匹配，导致输送能力的浪费。具体表现为：一方面，部分旅客无法被服务从而转移到其他运输方式，导致运输需求的流失；另一方面，列车运行途中部分区段客座率较低，但受列车始发终到站的限制，必须行驶该段路程，造成输送能力虚靡。

旅客列车开行方案是基础性运输组织计划，具体包括确定列车起讫点、运行区段、列车等级与编组、服务频率等内容，其编制质量的高低直接影响列车运行图、车底和乘务员运用等后续作业计划的实施效果。在路网条件下旅客列车开行方案的设计阶段，客流需求与实际路网、服务网络的匹配将有助于满足各种类型节点间旅客出行需求的多样性，达到客运产品服务方案具有针对性的要求，提升铁路运输资源的利用水平和服务水平，从而提高铁路客运的整体效率。

列车运行图能够协调路网各基础设施的实际能力和使用能力及不同线路间列车的衔接关系，对路网运输效率有着至关重要的影响。不同的列车运行图对应着不同的列车停站方案、列车运行结构、列车运行时间及列车在各车站的到发时刻等参数。而这些参数的不同设置对能力都有一定的影响。尤其在路网内，不同线路的运行图还需要进行综合考虑，考虑换乘枢纽或换乘车站之间的接续、列车延误后运行图的恢复能力等情况。合理的运行图能够提高行车密度，使得统一时间内在铁路沿线能够有更多的列车运行其上，有助于减少列车各项铁路设备资源的占用。

动车组运用计划是根据给定的列车运行图、动车组检修基地条件及动车组修程的规定，合理安排动车组担当车次并及时进行各级检修的综合计划。动车组运用计划包括动车组接续周转计划、动车组分配计划和动车组检修计划。在路网范围内，动车组如何应用对于合理的能力使用及在产生延误后对列车的调整都有一定的影响，进一步关系到运输效率的高低。

车站技术作业效率也是铁路运输整体效率的重要组成部分。以高速铁路为例，动车段(所)一般有较大的出入车流，动车组出入段作业给车站作业组织带来较大的压力，进而影响其衔接区段通过能力的利用，甚至直接造成运行图上某一时间段的能力损失，引起部分关联固有能力的空费，极易成为通过能力瓶颈。

各种运输计划与当前的运输能力是否互相适应，是否能满足实际运输需求，对运输效率发挥着至关重要的作用。从列车运行径路的确定、开行方案的编制到具体车站的作业计划等一系列客运产品的设计，本质上都是对客流需求、物理线网和服务网络这三者的关系进行协调。因此对路网中各 OD 对之间的客流量与铁路线网的耦合关系进行优化能够实现合理匹配客流需求，充分利用铁路有限资源，对于提升铁路网络能力运用效率具有重要意义。

在"新基建"的时代背景下，信息数字化基础设施布局方兴未艾，与传统基建相比，新基建内涵更加丰富，涵盖范围更广，更能体现数字经济特征，城际高速铁路和城市轨道交通作为新基建七大领域之一，还将持续焕发蓬勃的生命力。将信息化与轨道交通深度融合，提升城市交通基础设施智能化水平；推进轨道交通融合发展，进一步促进经济发展；统筹城乡协调发展，建设一体化交通网。到 2035 年，铁路自主创新能力和产业链现代化水平全面提升，建成安全、便捷、高效、绿色、经济的现代化综合交通体系，率先建成服务安全优质、保障坚强有力、实力国际领先的现代化铁路强国。

高速铁路作为基建最为基层的基础设施，所带来的辐射效益越来越明显，各地之间的通行时间在高铁建成后大大缩短，相邻省会城市间 1～2 h、省内城市群 0.5～1 h 的高铁经济圈逐渐形成，正不断拉近城市之间的距离，让各地资源共享成为可能。从"四纵四横"到"八纵八横"都极大地满足了国内日益增长的客运需求，助推地方经济发展，为整体社会经济发展提速。

2020 年全国铁路完成固定资产投资 7 819 亿元，全年新增 20 个项目，累计投产里程 493 km。国家发展改革委明确要求，我国未来应扎实推进川藏铁路建设，加快推进沿江高铁等骨干通道建设，加强中西部地区和普速铁路建设，强化枢纽配套和"最后一公里"建设，有序推动城际铁路、市域(郊)铁路建设。

"八纵八横"的路网建设方兴未艾，新基建的提出，将以高新科技为依托，带来一些调整与新变化，加速路网布局的进一步优化，更能加速国内高速铁路网络信息数字化水平。

此外，5G 技术及大数据的应用，为轨道交通客流管控、联动调度等提供运营支持；基于人工智能人脸识别技术，解决了实名制身份识别和登记、安检排队等问题，实现快速进出站管理，甚至无感通行；助力实现列车最优化的运行控制，完善、优化、推广列车全自动运行系统。语音识别、机器视觉和自然语言理解技术的规模化应用，使得机器拥有类似人类的听觉、视觉，提供了全新的人机交互模式，将大大提高交互效率，降低用户学习成本，增强用户依赖。轨道交通由于场景相对封闭，因此更适合人工智能技术的落地应用。自动驾驶、故障自我诊断、列车智能调度……人工智能为轨道交通提供了更精细化的运营方案，减少人为因素在驾驶、检修、调度等方面的影响，也让轨道交通的运行变得更加可靠。此外，人工智能的大数据还将为旅客带来出行参考、媒体资讯、列车时间信息等。同时消除人为因素造成的安全隐患，通过辅助行车调度员准确、快速地下发调令，确保车站接受调度命令的一致性,防止错误接受调令引起的行车事故;减少人工铺画的延迟,及时对列车进行监控,防止车站错误办理闭塞而引发的行车事故。因此,5G、大数据、物联网等新基建元素融入轨道交通建设、运营和管理服务等方面是主要趋势,是实现智慧交通的主要动力之一。

网络虽能达到"以线盖面"的效果,但对于部分偏远地区而言,网络可达性依旧无法触及。为此,还应考虑在现有网络基础上延伸服务范围,拓展需求网络和服务网络的覆盖程度。由此,高铁多式联运应运而生。

由于地理条件、经济发展和铁路路网规划等原因,仍有部分地区没有高铁线路经过,为了使这些地区融入高铁网,实现边远地区乘客便捷出行,我国部分地区推出了"高速铁路+无轨站"的运输模式。

"高速铁路+无轨站"模式是一种公铁联运的新模式,指在没有高铁线路经过的城市,设置具有购票、取票、候车、物流等功能的铁路站点,通过开通专线大巴与就近的高铁站无缝对接,实现公路与铁路零距离换乘,保证边远地区乘客的快捷出行。

高铁无轨站区别于一般的火车票售票点,关键是有专线大巴接送。2016 年 12 月 19 日,全国首个高铁"无轨站"在广西凌云县正式启用,使该县成为全国首个没有高铁线路经过却成功融入高铁路网的城市。2017 年 8 月,广西 11 个高铁无轨站实现联网运营,更好地利用专线大巴的功能,快捷到达目的地,减少旅客到目的站后乘巴士的时间成本。

该模式以零距离换乘、无缝衔接、一站式服务为优势特色,提高旅客的交通换乘效率和出行服务体验。这不仅是运输效率提升的表现,也是铁路系统扶贫工作的一大创新,高铁沿线城市建立"高铁无轨站"后,当地居民购票、取票、候车不用再去高铁城市,通过"公交化、一站式"精准接驳,旅客可以轻松购票、快捷出行。同时,该举措还能够有效扩展现有高铁线路的辐射半径,充分释放已有高铁线路的运能,实现高铁资源的最大化利用,进而加速物流流通,有效增强当地招商引资的吸引力,以促进当地旅游业的发展,助力地区加速实现脱贫致富。

高铁无轨站是我国铁路部门为偏远地区"量身打造"的公铁联运的精准扶贫模式。高铁无轨站是一条特色道路,但仍需要在票务、车辆运力调度、站内换乘和乘客服务等方面与高铁站建立综合服务平台,从"实现乘客单纯的目的地位移"向"满足乘客出行的功能性需求"转变。高铁无轨站顺应供给侧结构性改革要求,逐步形成多产业融合的"高铁+"发展模式,将进一步积极带动地方旅游资源开发利用,助力交通旅游扶贫,促进电商等服务型企业发展,推动铁路与地方共赢发展。

2.2.2 货运网络耦合机理

1. 货运网络耦合的含义

铁路货运网络包含货运需求网络、货运物理网络和货运服务网络。货运需求网络由不同货主所发货物的 OD 对构成;货运物理网络包含构成运输系统的各种基础设施,如线路、车站等;货运服务网络由铁路运输企业在基础设施网络中的起讫点之间所提供的各类运输服务所构成。货运网络耦合就是指货物网络各层次网络之间的相互作用关系,就是三种网络相互推动彼此演变的内在机理。

当某一起讫点之间存在能够满足运输需求的基础设施网络后,货运服务网络将运输需求(即“货流”)被转变为车流,再将“车流”进而组成“列流”,并将“列流”由起点站运送至终点站,最终再次转换为“货流”,配送至收货人,从而货运需求得到满足。从这样的铁路货物运输过程来看,货运网络耦合包含两方面的内容:

首先,货运需求和物理网络是铁路货运服务网络产生的源动力和必要条件,铁路货运服务的产生与否,取决于在特定起讫点之间是否存在运输需求,以及是否存在能够满足这一运输需求的物理线网。货流是制定货物列车开行方案的基础及主要依据,货物列车开行方案的制定首先应该是以货流为基础,以货流所具有的性质(货流大小、货物种类、货物运到期限等)为依据,进而确定货物列车开行的区段、开行种类、运行径路、编组内容、停站方案等内容,构成货物列车开行方案的几大部分。

其次,铁路货运服务网络的效率和服务水平其实就是将货运需求从“货流”转换至“列流”、再转为“货流”这一过程的效率和服务水平,在当前多种货物运输方式竞争激烈的背景下,它将对铁路货物运输需求的分布和规模产生必然影响。在货物列车的实际运营过程中,实际货运需求又会发生变化,由此来看,在货物列车的实际运营过程中,铁路货物列车开行方案又同时在影响着实际运营的货流。

因此,货流与货物列车开行方案是相互作用的,根据货源调查、货流预测等结果准确掌握的货流数据来制定的货物列车开行方案,而实际运输作业中的货流又引导列车开行方案作出相应的调整,货流的变化和货物列车开行方案的调整是一个相互反馈控制的过程。铁路货运需求网络、铁路物理网络、货运服务网络三部分的耦合关系如图 2.14 所示。

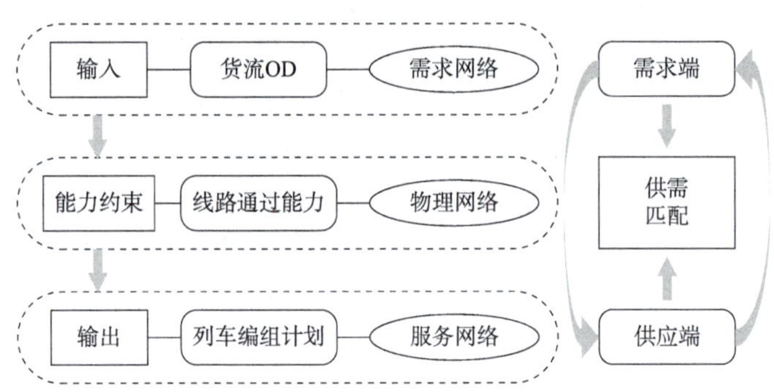

图 2.14 多层次货运网络间的关系

2. 货运网络中的关键要素及其相互作用

(1)货运网络中的节点

货运需求网络中的节点就是各种货源地或货源车站。铁路货源地一方面倾向于分布在煤炭、钢铁等矿产资源、木材等自然资源、农作物或进出口物资比较丰富的地区;另一方面,在一般经济、文化比较发达的地区或主要铁路干线及干线与支线的衔接点,通常能够吸引和聚集干线、支线多方向的货流。这些地区的枢纽车站往往成为路网中比较重要的货运需求发源地。

和客运物理网络类似,货运物理网络中的节点也是指铁路线网中的货运技术作业车站,一般设有比较完善的调车设备和机务、车辆等设备,能够办理货物列车的解体、编组等技术作业。

货运列车服务网络中的节点是指在物理网络车站节点的基础上产生的货流、车流和列流之间发生相互转化的关键事件节点，货物运输途中作业的各个环节都可以看作是货运列车服务网络中的节点。从宏观角度来看，某些货物可能大量集结在某一货运车站，则在该车站进行的各种中转、改编作业可视为一个在较宏观的货运服务网络中的作业节点。从中观角度来看，宏观网络中的作业节点可以详细展开为一系列具体的节点，如承运节点、装车节点、编组节点等等。

(2)货运网络中的边

货运需求网络中的边就是指货流，包含了货物种类、货物数量、运输方向等信息。货运物理网络中的边就是实际的铁路货运线路，包含线路长度、线路通过能力等属性。货运服务网络中的边是将货物装载至货运车辆、再由货运车辆编组而成的货运列车流，它的边权综合了货运需求网络边和物理网络边的属性，一方面指与运输时间、运输距离相关的运输成本，另一方面也指受线路通过能力限制的列车运输能力。

(3)货运网络之间的相互作用

根据货运三个层次的网络中的节点和边的含义，它们之间的关联关系可用图 2.15 表示出来。货源、货物目的地是需求网络中的节点，是开展货物运输的前提条件。始发车站、中转车站、终到车站是物理网络中的节点，也是需求产生和被满足、货运服务相关作业被执行的地理位置。承运、装车、编组、解体、改编、卸车等作业属于服务网络中的事件节点，它们将三个层次的网络中的边联系起来，使得需求网络中的货流能够被服务网络中的车流所承载、被列车流沿铁路物理网络运输至目的地。

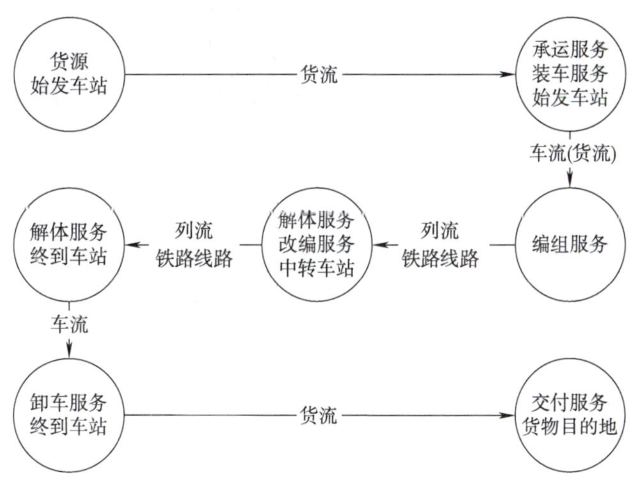

图 2.15　三层次货运网络的节点和边的关联关系

通过分析货运各层次网络的点与边的关系不难发现，三个层次的网络在本质上是由一系列货物运输组织工作关联起来的，因此货运网络之间的相互作用主要体现为各类货物运输组织计划的制定，如货物运输计划、货物列车编组计划、货物列车流组织等。将申报的货流转化成车流是货物运输计划需要解决的问题，将转化后的车流转化成列车流的任务称之为货物列车编组计划，最后依靠列车运行图将列车流组流上线，即列车流的组织来完成货物列车运输工作。

3. 货运网络中的多层次网络耦合方法

铁路货运服务网络是铁路货运需求与铁路货运基础设施网络之间的连接纽带，是铁路运营部门最能直接调整和掌控的网络，因此也成为铁路货运三层次网络中的核心网络，货运网络的多层次网络耦合方法主要就是指服务网络的优化设计。

铁路货运服务网络优化就是根据一定的铁路货运产品设计策略，以铁路基础设施网络的运输能力为限制因素，针对不同的客户群体，按照铁路货运客户的选择偏好异质性，以服务网络总成本最小化为目标，为异质性的运输需求提供差异化的运输服务方案，进而实现最优的铁路货运产品组合的过程。这一过程的关键环节包括货运服务模式选择、货运编组计划优化和货物列车流组织（货物列车运行图）。

(1)铁路货运服务模式的选择（货运产品设计）

对于铁路货运企业而言，对于同一起讫点之间的货运需求，应当针对货运需求特性提供多种不同的运输模式。无论是对于运输企业而言，还是对于货运客户而言，提供何种服务，选择何种服务，既要考虑运输企业的成本，也需要考虑铁路货运客户的服务价值成本。特别是当服务网络中的需求类型存在异质性时，只要考虑了需求的异质性，设计多样性的运输产品，才能保证最终选择的铁路货运服务类型，能够满足运输企业和货运客户双方的利益。

货运服务模式的分类一般是以货物类型作为主要划分依据，即按照货物的储存特征、时效性要求等，首先将货运需求划分为若干具有不同服务质量要求的货运类型。

然而，铁路货运需求的差异性对于服务网络的优化结果具有重要的影响。从目前国内外在货运服务网络领域的相关研究情况来看，既有服务网络的研究，较早地关注到了运输需求的差异性对服务网络设计的影响，并通过货物类型的不同，将运输需求按照货物类型划分为不同的运输需求，进而设计出具有一定差异性的服务网络模型。与此同时，不同类型的货运需求对服务质量的要求也呈现一定的差异性。这就要求在进行铁路货运产品设计时，需要通过分析铁路货运客户选择偏好异质性，进而得到不同客户群体的服务价值，从需求本质出发来实现铁路货运需求类型的划分。这样一方面可以避免相同或相似货物品类情况下，无法区分货运需求类型的情况。同时，依据服务价值对货运需求进行划分，能够更为准确地测算不同需求类型所产生的服务网络总成本的最小化，对于铁路货运服务网络优化结果具有重要的意义。

(2)货物列车流组织（货物列车运行图）

货物列车流组织的优化可以从货物运输径路优化、货运列车编组计划、中转作业优化这三部分来进行。

①铁路货运运输径路优化

铁路货运运输径路优化是复杂网络中的路径选择问题，当运输线路的能力受到限制的情况下，会进一步产生流量分配问题，即由于站点间最短路的运输能力限制，导致部分货流需要通过次短路进行运输。因此，何种货流采用最短路、何种货流采用次短路，是在有能力约束情况下的服务网络优化过程中需要解决的一个问题，一般可采用 K 短路算法进行求解出某一站点对之间的前 K 条短路。然后，根据由货物类型所划分得到不同运输时间的要求，依次为货运需求分配运输路径。在此过程中，对于不同货流的优先级，有必要以一定的标准对其进行排序。例如采用服务价值来衡量不同货运需求的优先级。服务价值是一种考虑货物本身特性、客户对服务质量要求和运输成本的综合指标，其值的大小，本身就能够反映各类货运需求的服务优先级。因此，若将服务价值考虑到服务网络优化中，由于服务价值包含了时间价值，能够根据不同的 K 短路在运输时间上的差异性，实现对运输时间所产生的额外服务成本的测算。进而，将由运输时间所产生的成本计量到服务网络总成本中，通过最小化服务网络的总成本，能够获得最佳的流量分配方案，避免了传统流量分配问题中对货流的主观分配，更加客观、准确。

②货运编组计划优化

编组计划的制定过程属于一个多因素、多方案、逻辑关系十分复杂的组合问题。目前我国采用分阶段编制列车编组计划的方法，依次编制始发直达列车、空车直达、技术站单组列车、技术站分组列车和区段管内列车编组计划。

装车地直达列车编组计划是提高运输服务质量的一种有效手段，在加快货物周转，减少沿途技术站作业负荷，降低运输成本方面具有很重要的现实意义。装车地货物运输直达化，常用的优化思想是在分析计算车流在装车地、运行途中和卸车地的技术效益基础上，以车小时消耗最小或者效益最大为目标函数，构建优化模型。

铁路货物运输生产过程中，由于每个铁路局和车站每日不同货车种别的装车数和卸车数一般不是相等的，部分车站因空车不足而导致待装时间过长，一部分车站则产生空车积压。为了保证不间断地按日均衡地完成装车任务，必须按货车的种别将卸车数大于装车数的地区所产生的多余空车运送到装车数大于卸车数的地区，这一工作称为“空车调配”，在铁路货运中占有极其重要的地位，是铁路运输调整的重要组成部分，其目的是在保证车流组织、路网能力、供需要求的条件下，使运送空车费用最小。

单组列车编组计划考虑的因素包括车辆去向、车站节省时间、车辆集结消耗、车流强度、技术站多种能力约束、各种作业成本等。相关的模型方法种类繁多，例如把编组去向和无改编技术作业成本关联起来的列车编组计划优化方法，该方法设置了有调中转作业时间和无调中转作业时间参数，能更真实地反映了车流组织的优化要求。

区段管内列车编组计划也是货物列车编组计划的一个重要组成部分，是提高运输服务质量的一种有效手段，在加快货物周转效率，提升铁路基础设施的运转效率方面具有很重要的现实意义。区段管内车流的组织形式一般采用区段列车、摘挂列车和小运转列车。由于受到车流零散分布程度、调车机车数量、区间通过能力以及车辆到达的均衡性等因素的影响，区段管内列车编组计划优化模型一般考虑车流集结车小时、停站次数以及停留车小时等因素，对部分区段内的车流进行合并，使其组织成本最小。

目前分组列车编组计划通常采用分阶段法，先优化单组列车开行方案，在其基础上，检查合并两个或者几个单组列车组成一个分组列车。国内对分组列车编组计划的研究以理论为主，且受限于优化问题的复杂性，大多数方法将分组列车所包含车组数量限定为两组，且规定途中只进行一次换挂作业。

③铁路货运服务中转作业的优化

对于某一需求而言，其选择的运输服务是否需要进行中转，也是铁路货运服务网络的优化内容之一。一方面,中转作业可以实现货流汇聚,减少货运服务的数量,从而降低货运列车的开行成本。另一方面,由于中转过程中需要进行必要装卸作业、搬运作业等,导致铁路货物运输过程中产生中转运输成本。同时,随着中转货运量的增加,对于中转节点的作业能力也会提出较高的要求,并有可能会导致中转节点的拥堵。相反,直达运输服务方案虽然避免了中转成本的产生,但是会导致服务的规模增加,货运列车的开行成本也随之增加。因此,是否进行中转与铁路货运服务方案的设计具有紧密地联系,是影响铁路货运服务网络优化效率的一个重要变量。

4. 三网耦合对效能和服务水平的影响

随着时代的发展,铁路货物运输中占较大比重的传统大宗货物品类的运输市场需求随着产业结构的进一步调整逐渐趋于饱和,而批量小但时效性强的一些高附加值货物运输需求却逐年上升,运输市场竞争更加激烈。铁路货物运输仍然是调度为主、计划为辅的局面,在计划编制好后,货物列车日常行车时并不能严格按计划行车,往往需要根据实时调度来实际指导列车运行。这种以调度为主、计划为辅的货物运输组织局面使铁路货物运到时间缓慢且不确定,且兑现率低下。因此不能很好地适应和满足集中化、快速化、直达化的货物运输发展需求。

为了在既有线客货混跑的大前提下从运输组织层面进行改变,就要重点关注各种货物运输计划的制定,也就是关注货运需求、货运服务和线路能力三者是否能很好匹配。货物运输计划是铁路运输部门向外界展示其运输和供应能力的有效表现形式,其编制和实施是铁路组织有效运输的基础,是在运输组织层面解决“计划兑现率低”、提升铁路货运效能的关键。

由于货运服务网络与各种货物运输计划密切相关,因此各种运输计划关键环节的设置,都会影响到货主对货物运输的满意度,从而最终根据满意程度使其是否对铁路货物列车运输方式做出选择。对货物运输计划中的影响因素的分析可以发现,列车种类决定列车的开行速度、途中作业的形式,进一步关系到货物运到期限、货主应支付的运费等;列车开行频率与货物列车的开行列数密切相关,影响到对应货运线路能够提供的货运服务强度;列车停站方案决定了各趟列车是否能够满足沿途货流的运输需求。货物运到期限、货运费用直接关系到货主的利益,能够最直接地反映出该次货物运输的服务效果,货运线路服务强度、货运线路沿线需求是否能得到满足体现的是整条线路、整个区域的铁路货运服务水平。

在货运建设方面,“数字货运”“智慧货运”的概念逐渐被行业认可。“智慧”是指利用先进技术的同时赋能于人和设备,以实现自主采信、学习、决策,从而达到更高效能。大数据应用等高科技综合管理手段,让铁路货物运输在精准营销、增运创效、安全管理等方面有了质的飞跃。

传统货运组织过程中,货调、货票等生产数据按照不同的系统储存、记录,查询时 20 多个系统需逐一登录对应的账号,费时费力。而数据的统计、分析需要人工定期导出,操作复杂。大数据应用平台如同货运中心的“最强大脑”,通过系统之间的关联,将各类数据汇总,实现数据实时采集,信息互联共享。查询时,技术人员仅需登录一次,成千上万条数据信息便可按照指令即时显示。此外还可根据实际生产开展自动分析,根据采集到的数据信息实时分析，运用可视化管理，为营销创效服务。

同时，“智慧货运”还体现在提高装卸车作业效率上。以往，装卸一列车要靠人工逐一爬车查看。无人机的广泛使用，将现场装卸车的超清画面实时传送到室内大屏幕上，装卸完毕的货物苫盖、车辆残留、车门捆绑等情况一览无余，较之前工作效率大大提高。诸如此类的科技成果，数字化、智慧化已成为铁路货物运输的一大标志。

随着我国快递业务和高速铁路建设迅猛发展，国家铁路抓住时机，推出货运组织改革这一重大举措。随着改革进程的不断深化，高铁快递因其安全、高速、准时的特点，正式被列为铁路七大货运主要办理的业务之一。2012 年 3 月，广铁集团首次尝试高铁快递业务，利用动检车开通了广州南至长沙的快递业务；2014 年 4 月 1 日起，高铁快递业务在全国 20 个城市试运行，后陆续推出了“当日达”“次晨达”“次日达”三项服务产品和“经济快递”“同城快递”“车票快递”三项服务标准；2016 年 11 月 11 日至 20 日，铁路部门首推“电商黄金周”运输业务。

截至 2020 年底，我国铁路快捷货运服务网络提供了不同层次的服务，主要有高铁快运、特快班列、快速班列、中欧班列、普快班列等多种形式。其中，高铁快运业务涉及全国 980 条高铁线路，覆盖 80 多座城市。普速铁路快运方面，涉及的主要城市有 52 个，我国主要城市之间开行铁路集装箱快运班列，形成了覆盖全国大部分城市的快捷货运网络。

目前，我国铁路快捷货运企业——中铁快运基本建立起了满足发展和市场需求的经营网络、运输网络、配送网络等。在全国 807 个县级行政区设有 1 500 多个营业机构，经营网络实现全国县级城市全覆盖；运输网络实现了以铁路运输为主，公路、航空等多种运输方式共同组成综合运输网络。铁路发展快捷货运的优势主要体现在以下几个方面：

①受天气影响小，运行稳定、安全，时效性较高。

②铁路运输具有运量大、能耗低、环境污染小、运输速度快等优点。

③运输产品多样化，能够满足不同货主对于不同运输服务的需求。

④我国铁路运输网络逐渐完善，通达性高，服务体制完善，具有充足货源。

⑤中长距离货运价格低廉等。

高速铁路网的建设与完善极大地提升了我国铁运输效率和质量，同时也为当前开展高铁快递运输业务提供了运能支持和发展前提。

在未来，多式联运必将以铁路货运为龙头，整合水路、公路货运；充分发挥地方铁路的作用，充分利用信息化、网络化和数字化时代的资源配置优化能力；同时调动地方政府、公共物流园区、大型工矿企业和接取送达公路货运企业积极性，保证物流服务大系统的成本、效率和服务最优，提高竞争力，充分平衡新常态下的市场、计划与可持续发展关系。

2.3 铁路客货运输效能与服务水平提升

2.3.1 铁路运输效率格局及其演化

目前，国内外对交通运输效率并没有系统研究，故将经济学中的效率引申到运输中来，运输效率即为运输资源的有效利用，可量化表示为资源投入产出的比值关系。运输效率从不同的角度有不同的分类:从系统的构成角度来看,有运输工具技术经济效率、运输系统配置效率、运输组织效率之分;依据运输生产活动作用的不同层面,可将其分为微观运输效率、中观运输效率、宏观运输效率,其中微观运输效率具体到单个运输企业的运行效率,中观运输效率反映各种运输方式之间的配置效率,宏观运输效率反映的是经济中整体的运行效率;从效率评价的侧重点不同,有运输技术效率和运输经济效率之分,一个侧重于生产能力的充分利用问题,一个侧重于以货币形式表现的运输资源充分利用的问题。

运输企业如何有效地利用运输资源,使有限的运输资源得到合理的配置与利用,最大限度地满足人们生活和社会生产的需要,就要看运输市场上供给和需求是否达到均衡。当运输市场上的需求与供给相等时,运输市场就达到了均衡状态,也可以称为市场出清状态。此时,运输是有效率的,它反映了运输市场资源最优配置和利用。如果运输供给能力满足不了日益增长的运输需求,就会阻碍社会经济的发展与进步;反之,若运输供给能力超过了经济发展所产生的运输需求,则会带来资源的浪费,运输效率的下降。运输供求是否平衡决定了铁路运输效率的高低,各地区资源分布不均、经济发展水平不一以及产业发展差异均会导致各地区经济贸易发展不平衡及运输需求量与供给量的差异。

从运输需求来看,随着物流业和旅游业的不断发展,货主、旅客对运输的需求量非常大,对运输质量也存在一定要求,如运输的安全性、运输速度、服务态度等。另外,运输需求会随着季节的更替出现高峰与低谷,导致运输供给量与需求量的不平衡。运输业是通过储存运力来适应市场需求变化的。一般而言,运输的承载能力根据运输高峰的需求设计,使得供给和需求在高峰期和低谷期出现一定程度的不均衡性。例如,铁路客运在春运、暑运、法定节假日等时段,"一票难求"的问题十分突出。从运输供给来看,目前我国铁路的路网密度相比于发达国家较低,路网布局仍不完善,特别是中西部铁路发展不足,铁路运输压力大,机车车辆负荷大。面对这样的现状,国家在《中长期铁路网规划》中提到,准备扩大铁路基础设施建设,增加有效供给,提升运输服务保障能力,保持经济平稳增长。

铁路运输供给与运输需求的适应程度决定了铁路行业的运输效率。由于机车的牵引力决定了每列列车可以运载的旅客、货物数量的上限,所以理论上当机车的牵引力与客货数量达到平衡时,即供求平衡,意味着列车的运行效率达到了最优。实际生活中,运输效率的低下主要有以下两个方面的原因:第一,受外部环境的影响,运输需求量往往达不到运输供给量;第二,运输供给量满足不了日益增长的运输需求。运输效率是运输资源投入整合的结果,从定义上来看,运输资源的投入与运输实际产出之间的比例大小反映了运输效率的实现程度。其中,运输的实际产出指的是运输市场上的实际运输需求量;运输资源的投入既包括土地、能源等自然资源的投入,也包括机器设备、劳动力、技术、资金、信息等经济资源的投入。

2.3.2 新技术发展保障铁路运输提质增效

三网耦合有利于提升运输效率,新技术的应用同样也会达到这一目的。随着信息科技不断发展,利用科技手段为铁路运输赋能逐渐成为其日后提质增效的主要方向。科技创新强调技术引领,与网络耦合相互作用,共同推动铁路实现高质量发展。大力发展智慧交通,推动大数据、区块链、人工智能等新技术与交通行业深度结合,充分挖掘数据资源,这是新时代铁路运输行业发展的着眼点。

1. 区块链技术

区块链是分布式数据存储、点对点传输、共识机制、加密算法等计算机技术的新型应用模式。它本质上是一个去中心化的数据库,同时也是一串使用密码学方法相关联产生的数据块,用于验证其信息的有效性(防伪)和生成下一个区块。

在区块链中,所有参与者都可以共享相同的基础设施信息。对应于铁路运输领域来说,这意味着所有的车辆都可以通过智能合约和轨道元素(如信号、点或平交道口)进行通信。这简化了基础设施,还可以改进整个系统的可用性。

目前虽然区块链技术正处于发展成长阶段,距工程化实践还有较大差距,一些技术还没有完善验证,但从区块链技术特征和发展进展看,其革命性的发展引领是不可逆转的时代趋势。

对于中国铁路企业而言,区块链技术恰恰是铁路最好的战略变革利器,在安全管理、质量控制、现代物流、客运服务、组织优化等方面,若导入区块链技术及思维模式,探索研究应用,有望助推铁路深化改革,促进铁路高质量发展。

2. 增强实现技术

增强现实技术(Augmented Reality,AR)是一种实时计算摄影机影像的位置及角度并加上相应图像的技术。这是一种将真实世界信息和虚拟世界信息"无缝"集成的新技术,把原本在现实世界的一定时间空间范围内很难体验到的实体信息(视觉信息、声音、味道、触觉等),通过电脑等科学技术,模拟仿真后再叠加,将虚拟的信息应用到真实世界,被人类感官所感知,从而达到超越现实的感官体验。它包含了多媒体、三维建模、实时视频显示及控制、多传感器融合、实时跟踪及注册、场景融合等新技术与新手段,提供了在一般情况下不同于人类可以感知的信息。

AR 技术应用,将对铁路的运输组织产生深远影响。例如,在对设施设备进行维护保养时,由于铁路维护存在一定的不安全性。AR 技术可实现对轨道进行远程检查,如果能够与先进的天气预报和人工智能等技术结合使用,该技术便能够进一步成熟,协助实现预测性维护。

此外,AR 技术还可能会在客流处理、轨道交通员工培训、设备运维等方面产生巨大的推动作用,进而提高铁路运输的服务水平,加速轨道交通现代化。

3. BIM 技术

BIM 技术是一种与项目信息数据库相联系的基于模型的技术,应用于项目全寿命周期,同时注重信息共享。

该技术在铁路运输的作用主要体现在站房的建设上。BIM 把建筑、结构、给排水、装修、暖通与通信、消防、信号、FAS&BAS 及电力等专业各自的二维图纸转变成三维的模型,与此同时,把各专业模型一起加以建立,进而建立出车站完整的模型。

BIM 技术在铁路站房设计施工的全生命周期中将起到积极作用。通过创建 BIM 模型,多专业一体化设计得以实现,可以在设计过程中及时发现各专业之间的缺漏与差错,随时对过程中遇到的问题加以处理和优化。同时还能准确计算工程量,在建设过程中降低返工概率,节省施工工期。

在铁路站场施工过程中，应用BIM技术可创建包括站场工程全部的所有几何尺寸、空间参数化与结构的功能及能联动的修改等一个三维的模型，于项目规划和设计与施工及运营维护的环节，使得各参与方可按照自身的需求来把有关的信息提取出来，并且在同一个三维信息模型的基础上实现协同作业。图2.16为BIM技术在车站建设中的应用实例。

该技术的优势主要在于模型信息较完全，且在站场建设的不同环节，能保持站场的模型储存的信息根据不同环节差异的需要，仅需基于原有的模型信息便可加以修改与添加，可不用再重新进行建模，防止了因不同环节的信息不相同而导致出现严重的后果。同时由于信息关联，模型当中的各对象间可实现互相关联和辨识。

图2.16　BIM技术在车站建设中的应用

4. 云计算技术

云计算是一种按使用付费模式，可为可配置的计算资源池(包括网络、服务器、存储、应用程序、服务等资源)提供可用、方便、按需的网络访问。资源可以快速交付，只需最少的管理工作或与服务提供商的交互很少。

步入云时代，电子铁路的运营系统将得到极大提升，这不仅丰富了电子铁路的运营体系，更能解放出许多生产力，实现铁路发展的高速腾飞。云计算能给铁路发展带来的便利主要包括以下两方面：

(1)云计算能有效地整合、集中各地的数据资源，将各地的信息储存点放在云端，避免了不同信息中心无法数据共享的信息孤岛局面，真正实现数据共享，信息一体化。步入云时代，各地的铁路局、铁路系统的不同部门，将能更有效地实现数据共享，进而形成更加高效有序地互相配合，极大地提升了铁路一体化的配合率。

(2)统一的云计算中心将能实现不同信息处理、数据计算的弹性需求，不断变化的增减服务将极大地降低各地在电子商城上的各项投入和资源浪费，实现资源的集约利用。不同时期、不同地区的铁路运输长期存在差别较大现象：在春运、暑运等铁路高峰期，云计算将能满足各个层面的计算需求；到平时工作日或淡季时，云计算将弹性提供计算服务，有效地避免了大量的资源浪费。

在起步阶段，云计算技术主要应用于智能川藏铁路的建设、智能运营维护系统的开发、智能风险预警系统的设计等方面，为铁路运输高质量发展持续不断地奠定基础。

5. 动车组智能检修技术

随着轨道交通行业的快速发展，投入运用的车辆逐年增多，如何保障车辆的运行安全和运用效率，降低运维成本，是实现轨道交通行业可持续发展的战略性问题。我国铁路路网规模和动车组数量不断增长，检修工作量也随之增大。随着我国高新技术的发展成熟，智能化成为动车组维修的趋势，推进智慧铁路、智能检修建设势在必行，将新技术应用于动车组检修，是铁路信息化、智能化发展的良好时机。

由于动车组检修工作量越来越大，为保证动车组检修作业的质量，对动车组检修人员素质和能力的要求也逐步提高。随着技术的不断成熟，采用机器人故障检测技术手段代替人工检测已势在必行。智能运维包括智能健康管理和智能检修服务，通过实时监控车辆传回的状态参数，便于地面监控人员全面掌握车辆运行状态，提高车辆监管能力和运行风险防控能力，缩短故障处理时间，降低途中故障对运营秩序的影响。基于机器视觉、红外线、激光等传感技术，车辆在经过时设备将自动开启检测车辆外表故障及磨耗件尺寸等，将检测数据发送到数据服务器及监控终端，实现智能化车辆检修新模式。

传统的人工检修动车组车底的方式对检查人员的体力和经验都有着很高的要求。以CRH2 型动车组为例，对车底部分的检查需要依次对车底部、车钩、制动装置、驱动装置、牵引装置、转向架架构、轮轴及踏面清扫装置等部分进行检查。而在使用动车组检测机器人后，一对机械臂可以完成两个人的工作量，节省时间 10 min 以上。

采用智能机器人进行动车组检修，有效避免了工作人员长时间工作产生的疲惫、注意力不集中等问题，同时也避免了维修人员在高温天气工作的安全隐患。在提高了动车组检修效率的同时，还保证了质量。

动车组智能检测机器人在研发过程中主要涉及高精度图像识别技术、机器人智能定位技术、机器学习技术、海量图像数据传输与处理技术和运用检修与基础管理业务整合技术等。虽然动车组车底故障检测机器人的应用效果良好，降低了检修作业工人的工作强度和工作压力，但技术仍未完全成熟，当前的机器人检修准确率约为 97%，3%的误判还需要人工消除，距离 100%准确率的目标还有一定距离，需要系统进一步的学习和优化以及检修大数据的支持。

6. 高速动车组技术

高速动车组采用先进的装备技术，打造成智能化、数字化、轻量化的设备体系，以更高速、更安全、更环保、更经济、更舒适、更友好等特点服务于铁路运输行业。我国目前正在研发的新一代高速动车组正是在响应国家战略，适应市场需求，着力打造具有国际竞争力的高速铁路装备。

高速动车组总共有 9 大技术，包括动车组系统集成、牵引传动控制系统、高速转向架、高速制动技术、车体、牵引变压器、主变流器、牵引电机、列车控制网络系统。

2020 年 10 月 21 日，时速 400 km 跨国互联互通高速动车组正式下线。高速动车组这一技术的实现，将有利于促进时速 400 km 的高速铁路动车组服务于“一带一路”，促进中国与“一带一路”沿线国家的铁路交流。国铁集团也于 2021 年开始组织实施复兴号“CR450 科技创新工程”，研发更安全、更环保、更节能、更智能的复兴号新产品，为适应未来 5G 环境运营做准备。

7. 节能减排技术

节能减排是未来社会发展的必然需求。借助永磁牵引技术,电机转子由以往的硅钢片和线圈变更为永磁体。永磁电机本身的功率及功率因数高,额定效率可达 97.5%(相比异步电机提高 4.7%),功率密度提升 15%,且由于永磁电机发热小,电机冷却系统结构相对简单、体积小、噪声小,噪声≤97.2 dB。全系统采用全封闭结构,免润滑油、免维护。同时永磁电机允许的过载电流大,可靠性显著提高。

列车通风空调系统是轨道交通中能源消耗的主要部分之一,因而节能潜力相对较大。为节约电力消耗,我国进行技术创新,研发变频智能空调机组,利用变频控制器驱动变频压缩机,通过改变压缩机运转频率改变制冷剂循环量,可以根据实际的冷量需求来调节压缩机和风机等关键部件的运行频率,各部件维持高效工作状态,从而实现空调机组的节能化,降低列车空调能耗。

对于列车制动,新型制动技术包括无油空气压缩机技术和铝合金制动盘技术。前者利用无油空压机低振动、低噪声的特点,彻底解决漏油、油乳化的问题,是全寿命成本低、更环保,并且实现压缩机的轻量化。后者的铝合金制动盘比铸铁铁盘重量减轻 58%,温度比铸铁铁盘在同样的制动条件下低 10%以上。

2.3.3 客运产品效能与服务水平提升机制

铁路客运产品效能提升主要是指研发多种运输方式客运组织协同、丰富铁路通过能力运用优化方法、开创高速铁路夜间列车开行模式和改进动车组运用组织体制。

1. 多种运输方式客运组织协同

为加快综合运输体系建设,有必要明确各运输方式的功能定位,鼓励多种交通方式联合运输,合理设计换乘方案,充分发挥不同运输方式的组合效率满足旅客高品质、多样化、个性化出行需求。

完善高效的旅客联程运输服务体系,需要统筹考虑不同运输方式的网络结构特点,力求多种运输方式统一设计、同步建设、协同管理,鼓励立体换乘、同站换乘。鼓励各种运输方式在基础设施、技术装备、运输组织、公共信息等方面有效衔接。铁路部门应努力打造高品质旅客联程运输服务产品,积极发展空铁联运、公铁联运等服务产品。鼓励铁路运输部门与旅游企业加强业务合作,推进旅游交通产品创新和游客联程运输。建立健全城市交通与城际交通协调联动机制,加强协同衔接和应急响应,确保极端恶劣天气、大面积晚点等非正常情况下的旅客出行接续。

打造互动式旅客联程运输信息化平台。鼓励综合客运枢纽建设统一的综合信息服务平台,推进运输企业间信息开放共享、数据交换与整合利用。鼓励运输企业以及各类信息服务主体开发旅客出行信息化平台,提供"出行即服务"平台互动式服务,为旅客提供一站式信息服务。

2. 丰富铁路通过能力运用优化方法

高速铁路通过能力主要受列车等级、运行速度、停站方案、运行图铺画方式、天窗设置等因素的影响。我国高速铁路采用统一速度标尺的方法,尽量做到所有高速列车的区间运行时分相等，使由于速差产生的能力扣除只取决于不同类型动车组的起停车附加时分。为了充分利用高速铁路通过能力，在能力紧张的区段或时段，高速铁路采用规格化的列车停站模式或阶段平行的铺图形式，从而尽量减少能力损失。通过优化网络化列车开行方案，可以提高通过能力，使之与客流需求相适应，充分发挥高速铁路线网优势。

3. 开创高速铁路夜间列车开行模式

高速铁路夜行列车为旅客利用夜间时间远距离出行提供了有效途径，能够有效地拓展旅客出行时间范围，利用夜间休息时间实现远距离出行，能够充分利用时间，降低旅途疲劳和差旅费用。同时，组织高速铁路夜间行车能够有效利用高速铁路夜间通过能力，充分发挥网络化运营优势。

4. 改进动车组运用组织体制

高速铁路动车组运用计划作为基本计划的一个重要组成部分，决定了动车组检修执行和动车组运用的分配，必须结合列车运行图、综合乘务计划、动车段所的位置及能力等考虑其编制与执行。我国高速动车组和普速旅客列车车底一样，配属于固定的动车段(所)，采用由铁路局安排担当指定区段交路的固定区段使用模式。但在高速铁路路网复杂化、列车单程运行里程不断延长的情况下，我国的动车组供给仍显不足，使用方案优化空间和容错空间较小等问题开始凸显。为此，我国逐步变革既有铁路客车底固定区段使用的模式，动车组的运用开始由固定区段使用向半固定或不固定区段使用模式转变。动车组完成一次运行任务后，下一次担当的运行区段不再受到限制。在给定的路网范围内，对动车组担当的交路不固定安排，而是根据需求，在满足修程修制、固定设备等前提下灵活担当列车运行任务，允许动车组在外段进行日常检修工作。

智能高铁的建设也为旅客的便捷出行提供可能。所谓"智能"，是指利用先进技术给设备赋能，以实现自动化、无人化的愿景。在京张高速铁路沿线，人性化细节和智能化元素层出不穷。在站内导航方面，客运智能服务机器人不仅可以实现站内导航、查询列车到发时间，还能为旅客运输行李。机器人设计了一个封闭车厢，可以运输 100 kg 的行李。携带大件行李的旅客把行李放在车内，扫描二维码或者进行人脸识别，机器人便可在站内跟随旅客行走。此外，一证通行刷脸进站也是京张高铁智能运营的一部分，旅客进站乘车无须身份证、车票，只要在 12306 客户端进行过实名刷脸认证，在乘坐京张高铁线路时就可以直接刷脸进站。

在动车组的研发上，智能动车组特有的智能模块为一大特色。其自身携带 2 718 个传感器，实现了车辆运行的自感知。车辆运行在过程中所有的运行状态都可以实时监测，实现故障预测。如图 2.17 所示，为了让动车组与空气产生的摩擦尽可能小，列车在设计过程中充分考虑仿生学原理，使运行阻力降低了 10%。列车还在车厢连接处进行了升级，使其更加平顺。此外列车除了速度惊人，京张高铁整条线路也是世界上第一条采用北斗卫星导航系统并实现自动驾驶的智能高铁。智能动车组可实现车站自动发车、区间自动运行、车站自动停车、车门自动打开、车门及站台门联动控制等，司机只需操纵一个按钮，列车就能够实现自动加速、减速，到站后自动停车、自动开门。

全国首台可视化远程售票机也在京张高铁沿线的清河站投入使用，不会使用电子购票的旅客可通过该售票机，像打电话一样，按下通话按钮，和车站售票员接通，通过视频提示购票。

一证通行、刷脸进站现已成为主流趋势。刷脸进站实现后，旅客进站乘车无须身份证、车票，只要在12306客户端进行了实名刷脸认证，在京张高铁乘车时可以直接刷脸进站，快速智能乘车。

对于旅客的智能服务，还可以利用互联网技术，配置全新车载无线系统，为旅客提供“信息+服务”的功能。对于车站旅客拥挤度的计算，利用红外成像计数原理，可以快速精确捕捉人在三维空间的影像，从而实现精确识别。

图2.17　京张高铁智能动车组

2.3.4　货运产品效能与服务水平提升机制

铁路货运产品效能主要是指铁路货物运输服务的效率、能力及服务水平，要提升铁路货运产品的效能，需要同时优化铁路谱系化货运产品、优化铁路货物全程运输计划、保障货物运到期限以及保障货物装载与运送安全。

智慧物流是指通过智能软硬件、物联网、大数据等智慧化技术手段，实现物流各环节精细化、动态化、可视化管理，提高物流系统智能化分析决策和自动化操作执行能力，提升物流运作效率的现代化物流模式。这是铁路货运产品效能与服务水平提升的重要方向。

智慧物流与智慧供应链包含四个层次：第一代智慧物流，属于功能内面向目标的物流资源配置优化，往往以定量化优化为主，包括选址优化、车流径路优化、多级库存优化等，也包括一些定性优化，如运输“结点成网”和“重去重回”方式、仓储的“集中共享”和“产品替代”等方式。第二代智慧物流，属于功能间可相互替代的资源配置优化。功能间资源配置优化多数是定性的，但时间迁移、空间迁移与逻辑迁移的精准融合是以大数据、云服务、物联网和人工智能作为技术支撑的。第三代智慧物流，则是从物流支撑的产业全供应链配置优化出发实现全产业链生态与物流体系的整体效率。第四代智慧物流，是并行产业链或供应链间的全资源配置优化，特别是注重对闲置资源的无/少成本复用，其中关键供应链甚至可以实现先产出后投入的“无本万利”模式。

1. 铁路谱系化货运产品

铁路谱系化货运产品包括装车地直达模型的货运产品、高铁快运模式的货运产品和铁路集装化运输模式的货运产品。

组织装车地始发直达列车是提高铁路货运服务效率的重要手段之一，不但能解决技术站能力紧张的问题，更是加快货物周转、提高服务质量的重要环节之一。从装车地组织直达运输可以促进产供销各部门密切协作，使货流组织与车流组织紧密结合，并最大限度地减少中间作业环节，从而加速货物送到与机车车辆周转。当前，在铁路货物运输市场份额不断下降的背景下，装车地始发直达列车组织模式及编组计划相关问题研究对解决我国铁路实际问题具有重要意义。

高铁快运主要利用日常开行的高铁列车进行货物运输，货物的运送时限包括当日达、次日达等方式，能抵达的城市较多。在业界看来，高铁是运送快件最理想的途径之一：高铁运送快件不受交通堵塞、航空管制等因素影响，除极端天气外，高铁快递准点率高。因此，开展高铁快运研究，构建高速铁路快捷货物运输系统势在必行。一方面，可以充分发挥高铁资源溢出效益，以部分线路和部分时段富裕的高铁运力为主；另一方面，还可以考虑提升高铁快运的行业影响力和规模化运营能力，打造专用高铁快运动车组。

由于传统的高铁货物运输方法只是简单地将客运车厢进行简易改造用于货物的运输。这种方法虽然运输速度较快但是性价比低，车厢空间利用率差，难以运送大件货物，也无法按照特殊物品的要求对运输环境进行实时把控，更无法像普速货车一样进行大宗物件的重载运输。

货运动车组每节车厢是全开启式，车厢一侧可大幅面打开，叉车可直接装卸货物，并且采用新型标准集装器技术进行集装化装卸、周转、运输及固定。集装化装卸实行之后，人工投入将大大减少，这也是提高车速之外，减少运输时间的关键环节。与此同时，货运动车组采用虚拟装配及在途管理系统，每个集装箱在动车组上都有自己固定的位置，使得运输人员在押运室里就可以准确地巡检车上所有集装器的状态信息，保证了货物运输全程安全可靠。

2020 年 12 月 23 日，中国时速 350 km 高速货运动车组正式下线。由于货运动车组运行速度快，因而对货物配载、装载加固的要求也高。所以货运动车组在设计创造过程中，需满足以下方面：

①装载门系统。在车辆的车门设计上，根据货运特点及需求，车体两侧设置大开度装载门，满足货物及集装器的运输和转运。按照既有铁路行李车基本参数和棚车参数以及集装器具的标准，车门净通过尺寸为 2 900 mm×2 360 mm，可以满足货物和集装器具的运输和装卸需求。

②货运专用地板。在车辆的地板设计上，可以借鉴航空货运地板的技术。该地板技术操作简单，可靠性强，能应用在货运动车组上，适应集装器具的快速调整、移动、安放和加固需求。

③标准化集装器具。在集装器具设计上，充分借鉴航空集装器和转运箱的相关标准和结构形式。按照《快运车辆载货标准空间尺寸及集装器具第 1 部分：形式与轮廓尺寸》中的集装器具尺寸规定，结合动车组轮廓断面，制定出标准化集装器具设计尺寸。

④快速装卸搬运辅助装置。为实现集装器具的快速装卸、搬运，考虑货运动车组地板与站台的连接，需要设计站台过渡板、地面升降装置等辅助装置，满足高、低站台的货物搬运和装卸。

⑤货物在途管理技术。在车辆安全等辅助系统设计上，货运动车组可以根据需求设置防火、防盗、货物追踪、重量管理、温度管理等装置。

2. 铁路货物全程运输计划及运到期限

随着我国经济持续发展，产业结构不断调整，对于运输服务提出的需求也日益增多。作为铁路运输工作指导性文件的列车开行方案，运输生产的效率与服务质量与其编制的合理性、有效性密切相关。

货物全程运输计划工作主要包含货物运输计划、货物列车编组计划和列车流组织三部分。将申报的货运计划中的货流转化成车流是货物运输计划需要解决的问题，将转化后的车流转化成列车流的任务称之为货物列车编组计划，最后依靠列车运行图将列车流组流上线，即列车流的组织来完成货物列车运输工作。因此，优化铁路货物全程运输计划，能最大限度地满足货流随到随发、及时运输的需求，满足货物运到期限的要求，同时提高铁路运输经济效益。

随着货运改革、运输市场需求主体发展，对铁路运输运到期限提出了更高的要求。在同等服务水平下，运输时间已经成为铁路运输适应社会需求、扩大运输市场份额的关键因素，铁路货物运输尤其要保证货物运到期限。为此，应重点建立等级服务保障体系，实施货车实时追踪，加快组织高附加值快速货物运输，完善铁路货车生产结构，加速推动高铁快运发展，同时建立内部奖惩机制，对超出运到期限的情况进行处理。

3. 铁路货物智能装载与安全运送

铁路货物装载是指在铁路货物运输中，为了保证货物的完整和列车运行安全，把货物转移到货物列车上的过程。货物的装载涉及货物、车辆、装载方法、操作人员和运输条件等因素，不同种类的货物对装载的具体要求也不尽相同。因此，需要研究货物智能装载技术与安全运送技术，以保证货物的运输安全。

铁路货物智能装载与安全运送主要包括铁路货物智能化配载、铁路货物专业化装卸、铁路货物运输安全信息预警及铁路货物装载加固方案评价。

随着铁路货物集装化运输的发展，应重点对集装箱的装车配载进行优化，包括集装箱内货物装载以及集装箱在铁路车辆上的合理配载。为确保集装箱运输安全，需在装车阶段对集装箱内货物装载质量和集装箱装车质量进行检测，既要保证集装箱内货物重量及偏载、偏重在允许范围内，又要确保集装箱装入铁路货车后集装箱重心与货车中心竖直重叠或误差在允许范围内。双层集装箱班列的装载更应对不同优先级、尺寸、重量的集装箱根据其自身的约束条件对其进行配装，以达到尽可能多地装载集装箱，提高装车效率，同时保证运输安全的目标。

货物装卸作为铁路运输的一个重要环节，是铁路货物运输在开始和结束时必然发生的活动，也是整个物流供应链中的重要一环，直接影响企业的运输能力和经济效益。货物在途中的装卸作业组织，需要铁路局集团公司内调度人员、随车人员和车站人员协调配合完成。集装箱的装卸，应重点做好货区货位分配计划、配装计划、装车计划以及卸车计划。

随着现代物流的快速发展，铁路货运面临严峻挑战。一方面货主对掌握自身货物运输全过程的信息要求越来越精细，另一方面，企业内部管理对集中控制、精细管理的要求也越来越高。构建高效的铁路货运安全监控系统，必须充分考虑铁路货主的需求和现场管理的需要。要实现货物运输安全信息预警,必须同时对货场资源和货装作业安全进行监控,同时对在途车辆进行追踪,将安全、经营、管理等多种功能和需求整合。

铁路货物装载加固与运输安全关系密切,是列车运行安全和货物安全的重要环节,确保装载加固安全是铁路运输安全风险管控的重点内容。装载加固安全风险的识别与评估是装载加固安全风险管理的基础,包括对风险的感知与发现,以及针对识别出的风险分析其发生的可能性和损失后果,确定风险等级等。

围绕铁路货物运输效能提升而开发的产品同样种类繁多。中欧班列的开行,极大拓展了铁路的服务网络,扩大了业务的经营范围。中欧班列是指按照固定车次、线路等条件开行,往来于中国与欧洲及"一带一路"沿线各国的集装箱国际铁路联运班列。总共铺划了西中东 3 条通道中欧班列运行线:西部通道由我国中西部经阿拉山口(霍尔果斯)出境,中部通道由我国华北地区经二连浩特出境,东部通道由我国东南部沿海地区经满洲里(绥芬河)出境。

截至 2020 年底,中欧班列开行规模持续扩大。2020 年共开行中欧班列 1.24 万列、发送 113.5 万标箱,同比分别增长 50%、56%,综合重箱率达 98.4%。我国累计开行中欧班列破百的城市达到 29 个,涉及欧洲 20 余个国家、90 多个城市,预计未来开行范围仍将持续扩大。

为适应日益增长的中欧班列沿线各国间国际联运货物运输需要,进一步提高运输质量和效益,打造"快捷准时、安全稳定、绿色环保"的铁路国际联运货物运输品牌,铁路部门按照"六统一",即统一品牌标志、统一运输组织、统一全程价格、统一服务标准、统一经营团队、统一协调平台,强化机制和装备保障的原则,拟定了《中欧班列组织管理暂行办法》和中欧班列品牌标志设计方案,不断优化班列组织方案。国铁集团以市场和客户为导向,从与口岸、海关作业无缝衔接入手,按班列早晨到达口岸倒排运行图,平均压缩国内段运行时间在 1 d 左右。同时,国铁集团进一步加强班列服务团队,提升班列服务质量,由集装箱公司全面推进中欧班列服务平台建设,设立单证中心和客户服务中心,统一向中欧班列客户提供单证服务,定点定时向客户推送班列追踪信息和客户服务,加强境内外营销组织,为客户提供优质的全程物流服务。国铁集团正按照全程统一编制运行图,基本满足每天 1 列、日行 1 000 km、全程运输时间在 12 d 左右,在做好整列直达组织的基础上,逐步推进按成组集结、零散中转等运输组织方式的目标,不断深化中欧班列建设。

为全面释放新丝绸之路经济带物流通道的潜能,铁路部门将本着贴近市场的原则,加强中欧班列的运行组织,确保按图正点运行,努力提升中欧班列运行品质;优化完善中欧班列客户服务中心工作流程和制度办法,为客户提供良好的信息查询、信息定制及推送、投诉建议受理等服务;优化完善中欧班列单证中心工作流程和质量标准,努力为客户提供优质的国际联运单证预审、制单和打单等相关服务;全面敞开为各地政府和企业服务,逐步扩大中欧班列市场。在既有各地开行中欧班列的基础上,对有运输需求的地方,只要货源支撑,铁路部门将积极组织,不断拓展中欧班列的服务范围。

中欧班列以其运距短、速度快、安全性高的特征,以及安全快捷、绿色环保、受自然环境影响小的优势,已经成为国际物流中陆路运输的骨干方式。中欧班列物流组织日趋成熟,班列沿途国家经贸交往日趋活跃,国家间铁路、口岸、海关等部门的合作日趋密切,这些有利条件，为铁路进一步发挥国际物流骨干作用，在"一带一路"倡议中将丝绸之路从原先的"商贸路"变成产业和人口集聚的"经济带"起到重要作用。

2.3.5 铁路客货运输存在的主要问题

铁路运输具有绿色环保、运距长、运量大、覆盖面广等技术优势，但在网络、结点、货物集结方面还存在一些问题。具体而言，当前铁路客货运输网络的瓶颈如下：

1. 铁路物理、服务网络与复杂需求网络的耦合有待加强

我国铁路覆盖范围广，服务对象不仅数量庞大而且类型各异，不同OD、不同特征的客流、货流在路网中交织，大规模、多特征的客货运输需求导致相应的服务网络设计优化存在难度，网络化的各类运输计划的编制和优化问题都十分复杂。因此提升我国铁路客货运输网络效能需要一整套适应各类需求特征的、考虑多服务模式的、以复杂路网为基础的客货运输产品设计技术，解决综合考虑需求、资源、效益、服务的网络化运输难题。

为了充分考虑三个层次的网络彼此之间的匹配关系，铁路客货运输在制定运输计划时应从上层产品设计角度出发，在对各类运输需求进行细分的基础上完善客货运产品体系，首先保障需求的市场特征与运输产品设计方向相符。针对各类产品再进一步具体展开系列运输计划的制定，从细节把控需求、供给与能力的关系。

2. 各类运输计划的协调性不足，运输各环节业务流程需要再造

目前各种铁路客运运输计划都是按照一定的先后顺序，从开行方案制定、运行图铺画，再到车底运用计划和乘务排班等计划的决策，这一过程缺乏前后的反馈调整，一系列计划的组合实际上还存在很大的优化空间。

铁路货运各业务环节之间的协调不足，一方面导致货运业务流程烦琐、业务流程时间较长，另一方面导致各环节运输计划执行不够顺畅，作业过程往往无法完全按照计划进行，而临时调整又往往无法达到最优的效果。

目前关于各类运输计划的研究都已具备一定深度，在一定程度上能够解决网络运输效率相关的问题，但是缺乏关联与协调性的运输计划能够提升的效能水平是有限的，只有将铁路运输各个环节的工作相互串联、分析其内在协调反馈机制、从整体角度考虑铁路运输的全过程，才有可能使路网范围的运输效率上升一个层级，这就对铁路客货运输的计划编制提出了新的一体化要求。

在运输组织各环节提质增效的基础上，由于铁路运输涉及旅客运输、货物运输、行车组织、站场设计等方面，此外需与车务、机务、车辆、供电等部门联动。因此铁路如同一台大联动机，整个生产过程是由多工种联合的多环节作业，涉及设备的数量庞大、种类繁多，设备布局延续纵深，操作人员独立分散，这使得各工种和各环节的协同配合都离不开严格有效的管理。

在行业结构上，铁路系统过分强调自成体系、自我服务，并将其延伸到内部企业结构上，人为地割裂了路内与路外、行业之间、内部企业之间、内外企业之间的合理分工。最终的结果是导致了部门主义，阻碍改革的推进。

在营销方面，虽然铁路为了迎合市场变化，在营销方面做了大量的工作，但距市场经济的要求还有很大差距。主要表现在以下几个方面：

(1)市场观念淡薄。虽然铁路部门已经意识到营销的重要性,但市场营销的观念并未真正在广大铁路职工的心目中扎根生芽。由于铁路向来实行计划经济体制和垄断性经营,使广大货运人员对铁路市场营销的重要性、迫切性认识不足,对当前铁路面临的严峻形势还缺乏危机感。

(2)体制缺陷。许多单位虽然设置了营销机构,但职能虚化,难以承担营销责任。客货运输部门仍然是生产型机构,职能尚未转变,不能很好地发挥营销的作用。其他部门没有相应的营销责任。

(3)产品设计老化。产品品种的多样化、高质量、高效益是市场追逐的目标,是客户对运输的需求。面对运输市场竞争的日趋激烈,铁路虽然实行了客、货运输改革,但铁路目前的客、货运输产品还是以老一套的产品居多,符合市场需要的新客、货运产品的开发较为滞后,与机动灵活的公路和迅猛发展的民航相比,总是处在被动的地位。

(4)运转不流畅。铁路运输的市场调查、产品开发、运力配置、生产组织等各环节不能紧密衔接,企业整个运输生产经营过程还没有按照市场营销的要求有效运转。市场营销的战略地位不突出,营销部门、运输组织部门、综合部门不协调,配合不紧密。

由于我国铁路运输业长期实行集中管理,依靠行政命令的控制,执行统一计划、统一运价、统一核算、统一指挥的管理模式,这在提高运输组织效率方面显出极大优势。但是,庞大的统一管理模式,难免在市场多变的竞争环境中显现出僵化体制的种种弊病,给客运营销造成障碍。主要表现有:一是各种政策统得过于死板,使客运市场可营销产品太少,难以满足多层次旅客的不同需要;二是对市场供需信息反馈迟缓,使客运营销活动坐失良机,不利于基层运营单位随行就市地参与市场竞争;三是执行全路平均成本基础上的统一运价,使地区客运营销失去弹性,难以通过市场竞争实现营销目标。因此有必要对铁路客货运输生产全过程进行一体化流程设计和改进。

3. 协作能力有待加强

国铁集团下属的 18 个铁路局集团公司,旗下的物流企业主要以分散经营为主,各司其职、各自为政,规模化、集约化效应在铁路局间很难明显体现出来,多数局管内运输距离不超过 600 km。同时其改革受市场经济和铁路现有体制的双重制约,导致铁路货运在向市场经济转化和拓展现代化全程物流的过程中,存在两者一时难周全的矛盾,加之铁路局间信息共享不足、协作能力待提高,减缓了铁路货运向现代物流转变的脚步。

同时,企业物流发展观念相对滞后。我国铁路虽然各路局集团公司都有相应的物流中心,但这与现代物流有一定的差异性,铁路目前对大型物流企业依赖性较高,加之现有铁路物流运输人员一直处于计划经济模式,与市场存在脱节,竞争压力小,对于现代物流的一站式服务理解不全,企业文化和核心竞争力还有待提升。最明显的现象是,铁路货物运输“门到门”服务能力匮乏,很少考虑路外运力资源的配置,装卸取送效率不高,时间消耗多,费用高,损耗大。

而铁路之所以与公路货运相比“门到门”的能力严重不足,一方面源于在大宗货运发到两端的铁路专用线覆盖率不足;另一方面在于海(江、水)铁联运的转运能力及效率、公铁联运的转运能力及效率不足,也让经过铁路环节的“门到门”成本高企、效率不足。

铁路部门在长期计划体制和部分线路分时段能力严重短缺下的生产计划型管理惯性,

使得其市场机制严重不足，揽货能力、装卸和“接取送达”效率、各铁路局集团公司间跨局协调机制、货物在途信息不开放、收支两条线非开放清算机制，都严重制约了物流服务的及时性和准时性，进而失去市场竞争优势。

铁路运营企业目前也在不断地提高铁路运能，扩展运输优势。针对大宗煤炭运输，4 条亿吨级重载铁路(大秦铁路、朔黄铁路、瓦日铁路和蒙华铁路)陆续建成通车，极大地释放了铁路运能，并以高效的专业性承担了铁路大宗煤炭货运的主要任务，并不断进行扩能改造。其共同特点是以煤运通道为主，源头均为煤炭储备地，具有多个专业的煤炭装车基地(包括自动化装车系统)，而下游沿线遍布用煤大企业，各卸车处也均具备自动化翻车机，极大地提高了全程物流效率和降低了物流全成本；特别是上下游企业均具备或将陆续建成铁路专用线，进一步加大了大宗物流的性价比；而下游也利用海港或长江、运河等内港实现通江达海的能力，满足东南沿海地区的用能需要，增强了重载铁路的服务覆盖范围。

对于时效要求不高的大宗货物长距离运输，铁路运输和水路(河、江)运输方式本应成为优选，但事实上却是公路货运的市场比例占优，虽然其中包括公路货运企业机制灵活、服务意识强和时间短且可控等积极因素，但最根本的原因还是在于铁路货运与水路货运自身市场竞争力不足，特别是存在货场滞留、车/箱排空和信息封闭等较大的缺陷。

为了在增加运量的同时提高收入和利润，铁路货运一方面依靠“公转铁”政策的强制性引导，但更应依靠提高路网通过效率和货场周转效率，有效利用信息技术、供应链金融和管理模式创新，实现供需“精准对接”“结点成网”“重去重回”和高效“多式联运”。究其根本，在大宗物流系统中，载运速度并不是制约系统效率和成本的主要瓶颈，载运/转运的能力、效率、成本和服务质量主要被约束在各个转运节点上，转运节点的周转率和空间利用率才是最核心的本源。

3 新型运输组织工程理论体系

新型运输组织工程理论体系是在科学分析新环境下运输需求、服务模式与运力配置协调机理的基础上，揭示基于运输计划构建的不同粒度客货运服务网时空耦合特征与运输效率的作用关系、反馈机理，掌握运输服务网络中瓶颈转移转化及供需平衡规律，形成适应不同铁路产品特点的客货运输效能提升机制，继而在实际运作中形成产品设计、计划编制、调度指挥、应急处置、运维一体化理论，最终实现提升高速铁路成网条件下铁路综合效能与服务水平的一整套理论体系。

新型运输组织工程理论框架从宏观铁路运能保障、中观铁路核心产品设计以及中微观铁路运营保障三个层面进行构建。

宏观战略层的供需矛盾问题是新型运输组织工程理论体系的基础。从需求侧方面研究我国高速铁路与社会经济之间相互关系，探索高铁社会经济影响机理，研究成网条件下高速铁路与社会经济的时空协同演化机理。从供给侧，以运力资源为主要研究对象，研究能力计算、通道运能配置，提出新型运力资源配置与优化理论及高铁能力计算加强理论。进而，从供需平衡角度研究线网规划、服务模式设计以及运力资源静态匹配，研究保障促进社会经济的大背景下客货运服务模式设计与运力资源配置。最终，建立高铁社会经济影响分析与定量评估、运输需求生成与预测、运输需求及服务模式与运力配置协调优化等理论体系。

铁路谱系化产品设计、全过程运输组织及计划编制是新型运输组织工程理论框架的核心。在宏观供需平衡的基础上，从中观战术层面研究如何进行铁路核心产品设计。研究我国高速铁路网络化耦合特性，提出运输全过程多粒度时空服务网络耦合特征及提效机制，找出客货运输效能与服务水平提升瓶颈。从打造运输企业核心竞争力出发，为攻克运输全过程计划编制与协同管控难题，研究满足多样化需求的客货运谱系产品，进而从流程再造及产品设计方面提出相应的新型客货运效益与服务水平提升理论，对铁路客货运输产品设计理论和铁路全过程运输组织及计划编制理论进行研究。最终构建谱系化客货运产品设计、客运组织协同与综合服务水平提升、基于集装化与智能装载的快捷货运组织及安全运送、铁路货物运到期限保障等理论方法。

调度指挥、应急处置、运维一体化理论是新型运输组织工程理论框架的保障。从中微观铁路运营保障、运输计划实施的角度，研究常态下的面向开放市场的智能调度指挥、应急处置、运维一体化理论。基于大数据技术研究风险传播规律，从风险分析和风险防控两个方面，研究路网运营风险与动态调控理论，以降低风险事件发生的可能性以及风险事件造成的后果，实现科学优化的风险调控以及应急处置措施。同时为保障运行图稳定性，分析铁路非正常事件影响传播演化规律，研究列车运行与维修优化协同理论。最终建立包括设施维修优化与促进路网列车高效运行的协同机理、基于可靠性理论的维修策略优化理论、综合天窗维修计划优化理论以及基于预警的列车运行与故障维修协同优化在内的路网图定能力动态评估及运维配置理论。

基于以上以供需平衡、运力资源优化配置为基础，以铁路谱系化产品设计、全过程运输组织及计划编制为核心，以调度指挥、应急处置、运维一体化理论为保障的理论研究，构建提升高速铁路成网条件下铁路综合效能与服务水平的新型运输组织工程理论体系，其框架图如图 3.1 所示。

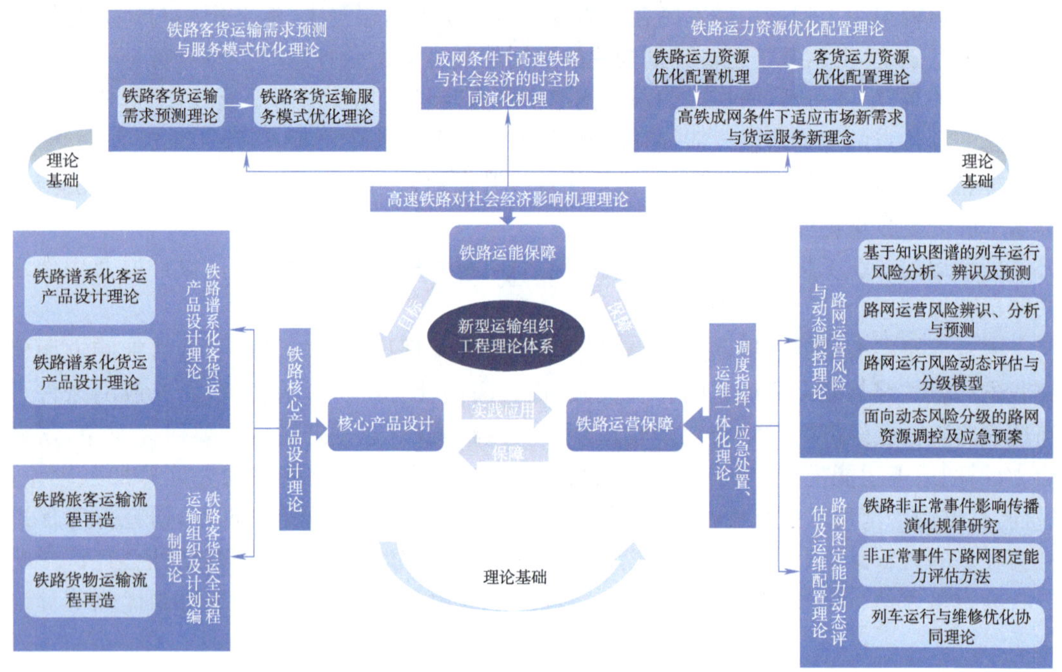

图 3.1 新型运输组织工程理论体系框架图

3.1 成网条件下运输需求、服务模式与运力配置协调机理

3.1.1 高铁社会经济影响机理

高铁社会经济影响机理包括成网条件下高速铁路与社会经济的时空协同演化机理、实证检验和高速铁路对社会经济影响评价指标及评价方法。

个人行为、企业行为、政府行为是高铁社会经济影响的微观作用主体。在高铁导致人们生产生活方式和出行理念发生改变方面，高铁通过缩短时空距离导致人们生产生活方式发生变化，包括生活观念、生活习惯以及工作模式和发展理念的变化等。企业行为方面，高铁的开通使一些受限于运输成本而无法转移的企业可以在更大的市场区内选择成本最优区位建厂，这种企业的转移可以让不同生产要素需求的企业在更广的范围内以更低廉的价格寻找到所需要的生产要素，从而间接促进了企业生产效率的提高，同时也在一定程度上优化了企业的布局。政府行为方面，高铁拉近了空间距离，为跨省、跨区域开展经济合作创造了条件，政府所在区域在满足一定经济门限条件（人均 GDP 大于 18 000 元）下，外部要素将通过高铁流动至该区域，引致该区域要素的集聚效应，越来越多的人口会流动到此区域，引致人口要素空间布局的调整，增强区域的影响力；区域经济发展水平在未达到门限条件（人均 GDP 大于 18 000 元）时，高铁运营对区域经济增长有负向影响效应，存在一定的虹吸效应，区域内部要素通过高铁向外流动，此时，地方政府行为的重点是加强对企业与个人参与本地经济发展的激励，强化优势特色产业发展，避免资源要素的过度流失。

高铁对各类生产要素的整合作用模式体现在人力资本要素流动层面与知识要素流动层面。在人力资本要素流动层面，主要从两个方面对城市就业人口带来影响：第一是为城市提供就业岗位，吸引人员流入；第二是提高就业人口的城市福利，留住外来就职人口。在信息要素流动层面，高速铁路的建设缩短了空间距离的时间感知，使企业间频繁互动，共享创新和新技术方面的信息，缩小技术差距。在知识要素流动层面，高铁缩短了旅行时间，提高了沿线地区的通达性水平，增加了面对面交流的频率，促进了知识要素的流动，加快了地区间的知识溢出，降低了相关地区技术服务的生产成本，促进了地区的服务业尤其是知识密集型服务业的发展。成网条件下高速铁路对区域经济社会发展产生显著正向重要影响，其影响路径主要体现为消费路径、投资路径、净出口路径。

3.1.2 铁路客货运输需求预测机理

1. 铁路客运需求预测机理

(1)铁路客运需求生成

随着专业分工的逐步细化和工业布局的变动，人们往往需要在不同的地点之间进行空间移动，来满足生活、学习、工作等不同社会活动或经济活动的需要。大多数情况下，这种位移需要通过公共运输工具来完成，就产生了旅客运输需求。旅客运输需求是指由于社会经济活动运转的要求，旅客在既定时段内有转移意愿、能够承担既定价格而产生的需求。任何社会经济活动的运转都无法脱离运输环节而独立存在，但人们产生客运需求的目的往往并不是位移本身，而是为了满足完成其他社会经济环节的需要，因此与普通商品和服务的需求相比，客运需求具有广泛性和派生性的特点。同时，由于支付能力和出行目的等方面存在差异，旅客对于出行过程中的安全性、便捷性等提出了不同的要求，因此，客运需求不仅体现在对运输数量的需求，还包括对于运输质量的不同需求。在以往的统计报告与学术研究中，往往用铁路旅客运输量来代表铁路旅客需求量。但实际上，“旅客运输量”和“旅客运输需求”的含义和范围都有所不同。既定运输能力所能满足的旅客运输需要称为有效的运输需求，即表现为旅客运输量；而由于运力限制没有实现的那一部分需求，则是潜在的旅客运输需求。也就是说，旅客运输量与旅客运输需求之间的关系在于，当铁路运力供给能够完全满足甚至超出客运需求时，客运量基本等同于客运需求；而当运力供给不足时，客运量仅能代表在现有运力条件下实现的客运需求。因此，在中国铁路运输长期供不应求的情况下，数据统计中的客运量并不能体现出因运输条件限制而尚未满足的潜在的客运需求。同时,潜在客运需求的大量存在也是铁路行业扩大运输供给的重要动力,推动着行业中社会资本的引入、基础设施的建设以及运行管理的加强,从而实现运输供求的基本平衡。因此,忽略潜在客运需求的存在,用客运量代表客运需求来进行研究有一定的局限性。特别是随着越来越多的高速铁路建设成网,铁路运输能力的约束性日益减弱的背景下,铁路行业和有关部门更加需要关注客观存在的客运需求。

(2)铁路客运需求影响因素

影响铁路客运需求的因素多样而复杂。除了国民经济发展、人口数量及密度、经济交通政策变革、城市化进程、资源开发和地区发展的不平衡等来源因素外,铁路行业的发展状况等影响因素也能使客运需求发生巨大变化,主要包括客运价格和服务质量的变化、铁路网络布局的发展以及国家的铁路运输政策变更等。而根据运输性质的不同,可以将铁路客运需求划分为生产性客运需求和消费性客运需求,两种需求类型的主要影响因素也存在差异。生产性客运需求是因学习工作、商业转移等谋生和生活需要而产生的必需的交通出行,可以看作刚性需求。此类需求的特点是比较稳定,因此其生成和变动主要受到经济发展水平、工农业布局、经济政策、铁路行业的发展和网络布局等因素的影响,而对于收入、价格、服务质量等影响因素的敏感性较弱。消费性客运需求是出于休闲娱乐、亲友交往、医疗健康等消费目的的出行需求,可以看作弹性需求。此类需求的特点是灵活性较强,不仅有强烈的季节、气候波动性,对于消费者自身的收入和消费水平、消费偏好,以及铁路供给条件、客运价格和服务质量等来源因素和影响因素都较为敏感。通过对于两种客运需求类型的影响因素的分析可知,铁路客运需求的影响因素主要有经济发展和收入水平、人口数量及密度、运输价格、铁路行业发展状况等。

(3)铁路客运需求预测方法

传统的客流需求预测的方法主要有时间序列预测、四阶段及其改进方法预测以及非集计模型预测三个主要方面。自 2018 年起,智能算法被广泛应用于客流需求预测,主要预测模型有灰色预测模型、BP 神经网络模型、长短时记忆神经网络相等。

2. 铁路货运需求预测机理

(1)铁路货运需求生成

铁路货运需求依据所运货物的不同而千差万别。按照国家现行的统计口径,把不同的货物归并为 14 类:煤炭、焦炭、石油、钢铁、金属矿石、非金属矿石、矿物性建筑材料、水泥、木材、化肥及农药、粮食、棉花、盐和其他等。其中煤炭、石油和建筑材料等占货运需求比重较大。

按照货物在经济社会活动中所处的位置,可以把上述 14 类货物归并为三大类:

①能源类货物,包括煤炭、焦炭、石油。

②原材料类货物,包括钢铁、金属矿石、非金属矿石、矿物性建筑材料、水泥、木材、化肥及农药。

③消费品类货物,包括粮食、棉花、盐及其他。

铁路货运需求以能源类货物与原材料类货物为主。此外,货物需求还应该分为数量上的需求和价值上的需求。随着经济社会的快速发展,货物运输需求的结构将发生变化,未来的货运需求将向着价值增长方向发展。

(2)铁路货运需求影响因素

铁路货运需求与国民经济发展水平、工业化进程、铁路基础设施的建设力度、信息技术发展水平密切相关。在国民经济发展水平方面,不同的经济发展阶段因经济发展水平和产业结构高度不同,货运需求具有数量和质量上的差别,并呈现出一定的规律性。这种相关关系及其变化规律可通过货运密度和货运弹性两个指标的量值大小及其变化方向来体现。在工业化进程方面,工业化初期,低值、大宗的工业原材料产生了大量货运需求,铁路布局受自然条件限制小,又兼具运力大、成本低的优点,使铁路货物运输成为主导运输方式。工业化的升级促使产业结构向现代化方向发展,运输需求也由数量增长转向质量提高,对铁路货运服务质量提出了更高的要求。铁路基础设施对铁路货运需求的影响主要表现在交通网的规模和交通网的成网化水平。信息技术的高度发展对铁路货运需求生成产生促进作用。

(3)铁路货运需求预测方法

铁路货运需求预测按预测所采用的方法不同分类,可分为定性预测和定量预测。

定量预测的特点,是以大量的历史观察值为主要依据,建立适当的数学模型为预测模型,推断或估计预测目标的未来值。定量预测模型分类的方法很多,常用的分类方法是将其分为时间序列预测模型和相关回归预测模型两大类。

定性预测方法是依据预测者对市场有关情况的了解和分析,结合对市场现象未来发展变化的估计,由预测者根据实践经验和主观判断做出的预测。它既可以对市场未来的供给量和需求量进行预测,也可对市场未来发展变化的特点、趋势做出判断预测。此方法是根据人们的主观判断对事物未来的发展给出的估计。常用的定性预测方法分为市场调研法、专家预测法、主观概率法、交叉影响法等。定性与定量预测法在综合预测过程中也是相辅相成的。在具有较详尽的历史数据的条件下可以采用定量预测,在历史数据不完备或不确定因素影响较大的情况下可以采用定性预测。对于复杂的货运系统预测,可将这两类预测的结果进行综合分析,进而提供更符合客观实际的预测结果。

3.1.3 铁路客货运服务模式优化机理

1. 铁路客运服务模式优化机理

客运需求数量上有“忙闲不均”的特点,根据不同时段的客流分布规律,调整各时间段的客运产品投放数量,以此编制旅客运输计划。需求分布存在较为明显的区域差异性特征,区域特征、路网通达性等是影响城市群客运量分布的重要因素,由此表现出不同区域的客运分布特征。旅客发送量结构与客流出行距离范围分布密切相关,各距离段的客运量绝对值都将保持增长。旅客对铁路运输服务的要求则包括安全性、时效性(包括适时性和准时性)、便捷性、经济性以及舒适性。

客运服务模式构成要素包括运输服务提供给旅客的基本效用和利益的核心要素,运输产品向市场提供的实体和形象的形式要素以及铁路为旅客提供的购买车票、进站候车、托运行李等旅行服务以及其他各类延伸服务的服务要素。

运力资源构成要素包括移动设备运力资源和固定设备运力资源。设备运力资源主要是指动车组保有量和动车组类型;固定设备运力资源则包括车站能力、线路能力、动车段能力。

面向多元需求的客运服务模式设计理论，包括客运服务模式匹配研究和服务模式评价系统研究。

客运服务模式的匹配效果可以分两个维度来评价，一部分是运输企业提供的输送能力，另外一部分是与旅客出行体验相关的服务质量。运行图能力匹配度是服务模式评价的重要指标，即运行图计划运输能力与实际客流需求之间的吻合程度。采用乘法合成法计算受乘车舒适度、候车满意度以及企业满意度。根据方便旅客出行、缩短旅客旅行时间、合理编组、尽量减少旅客换乘、不同速度等级列车共线运行的原则制定服务模式。高铁客运服务质量评价指标包括：可靠、舒适、规范、便利、价值等要素。

2. 铁路货运服务模式优化机理

（1）基于模块化理论的服务模式集合设计

通过分析铁路货运服务集的构成，对铁路货物运输服务模式进行模块化、协调化、集成化、规模定制化的设计。

模块化设计即将服务模式操作环节模块化分解，通过多种排列组合形式，形成丰富的铁路运输服务模式，同时提高设计效率做到快速响应客户需求。其中运输服务模式主要包括运输服务模块、延伸服务模块、增值服务模块等，各模块包括不同的服务内容。根据不同运输服务模式市场定位和不同客户群体，在实际中根据具体情况进行模块调整与服务内容设计，面向客户的货物运输服务模式设计要做到各模块间的协同化、集成化、规模定制化。协同化设计包括客户与运输企业目标要协同和客户和物流企业需要协同合作在内的客户与物流企业的协同以及包括运输、配送、包装、装卸、仓储等物流作业环节之间的服务模式模块间的协同。集成化设计包括运输方式集成化、是物流服务的集成化以及信息数据的集成化。规模定制化设计即通过设计系列化的运输服务模式模块，并采用多样化的组合方法，实现客户物流需求的精准匹配。

（2）基于服务特性的服务模式集合设计

运输服务以面向市场需求为导向，基于货物品类、装车形式、速度等级、开行周期、服务范围、时效性等特性，总结全路目前开行特征，分类铁路核心服务形式；延伸服务是在核心服务的基础上向其他运输方式、仓储、配送以及运输代理等服务内容延伸；增值服务即将金融、进出口、商贸和咨询等服务有机融合，开展增值服务，为客户提供更加全面、外延广泛的服务功能，培育铁路货运的相对竞争优势。

（3）基于价值链理论的服务模式生成方法

面向客户的运输服务模式设计方法，研究思路基于价值链理论，利用模块化方法，将全程物流服务下的铁路货物运输服务模式进行功能模块及其子服务模式划分，并设计子服务可选集和运输服务模式生成方法，由客户自助式地输入物流服务需求，铁路物流企业结合需求数据与服务资源数据构建子服务模式可选集，不仅满足客户定制化的运输服务模式设计，而且通过服务模式模块化设计，在满足客户个性化需求的同时进一步发挥规模效应，提高客户需求响应速度。构建服务模式生成模型，在服务模式可选集构成的增值网络中，针对各服务模式模块各项服务内容的比选匹配，统筹服务模式设计中的物流成本、时间、质量以及价值实现，生成客户物流定制方案，输出最终的铁路运输服务模式。

3.1.4 铁路运力资源优化配置机理

高铁成网条件下铁路运力资源配置和优化理论，包括各种不同导向的客货运力资源优化配置理论、铁路运力资源优化配置机理以及高铁成网条件下适应市场新需求与货运服务新理念的铁路运力资源优化理论体系。

通过硬件资源、软件资源和人力资源三方面分析铁路运力资源基本要素，其中硬件资源主要包括线路、桥梁、隧道、车站、机车、车辆、通信、信号、牵引供电等，软件资源包括资金、信息、运输组织技术等，人力资源包括中高层管理人员、技术人员和一线工作人员等。根据生产特点，运输设备分为固定设备和移动设备。分析铁路运力资源配置的基本内涵，即在一定的市场需求条件下，将铁路各生产要素按照一定的生产组织管理方式进行系统的控制、组织和决策，最终形成最优的运输生产能力的过程。铁路运力资源的配置不仅包括对固定设备的配置数量和相互结构进行优化，而且还需要对移动设备的配置数量和时空布局进行优化，通过两者的有机结合最终形成运输需要的最优能力。

建立包括静态配置、动态组织和运用决策的铁路运力资源配置的广义体系结构，研究铁路运力资源优化配置机理，从中宏观层面适应货运市场上的客户需求以及铁路运营部门的服务模式设计，来高效率的调配资源，满足服务模式集的要求并识别运力资源瓶颈，针对瓶颈进行优化，解决几大关键问题，优化调整运力资源的规模、结构、分布。

对于运输市场发展及其动态变化趋势问题，及时跟进和把握既有不同品类货物运输市场现状、同时也需要依据过去运输市场的相关数据，结合影响运输市场变化的影响因素情况，动态推算铁路在未来某一时期(短期或长期)市场条件下的货运发送量、货运周转量等相关指标的变化趋势，以此对既有运力资源的调配进行动态分析和了解，决定未来铁路运力资源配置的主要发展趋势。

对于路网货流车流分布和流量流向变化问题，及时了解不同 OD、不同区域、不同线路区段客货流分布情况，针对不同的客货流分布，及时把握流量和流向的均衡程度，同时掌握不同车种车型的需求情况、车站到发、装卸、仓储等设备能力需求情况以及线路区段通过能力匹配情况，并结合实际，根据未来既有运力设施设备配置满足程度对既有运力资源的配置提出预警决策，以及对路网车流径路优化提出建议的决策。

对于点线能力配置及路网改扩建问题，通过对路网或不同区域内既有货运站、技术站、枢纽和通道能力相关数据的统计、挖掘及对比分析，寻求不同预测方案下，点线能力匹配情况，对能力限制点、能力限制区间以及点线能力协调情况进行预警，决策者依据既有运力资源配置数据，结合预警点、线布局，对不同预测时期铁路在既有线改造、新建铁路线路给出宏观决策。

对于移动装备市场化运用及购置问题，对既有移动装备配置基础数据进行挖掘分析，确定既有移动装备配置的不合理性以及需要优化的方案；同时基于未来某一时期铁路路网客货流的变化，对未来运用车不同车种车型配置数量、运用车分布走向和趋势进行全面掌握，基于既有机车车辆移动装备的配置现状，对未来机车牵引类型、牵引质量、配置台数进行总体决策，同时依据既有运用车配置方案数据的挖掘和分析，提出未来预测某一时期货运流密度条件下的车辆总体配置决策方案以及移动装备新购置方案。

对于列车开行效益分析问题，通过计算分析不同列车开行方案下对应的成本支出和运输收入，对列车开行经济可行性进行决策分析。

在市场条件下，运力资源配置优化理论分别从空重车流组织优化、机车车辆配置优化、铁路货运能力瓶颈识别与消解优化、铁路集疏运组织优化技术等方面进行研究。

高铁能力计算方面，将扣除系数法改进，提出基于运行图的组合扣除法，给出单列车扣除系数计算公式，对扣除系数法中存在的重复扣除问题进行说明，并提出紧接续列车群的概念。同时，分别基于运营数据分析和备选集反馈调整的能力两个方面提出了高速铁路能力瓶颈识别与消除理论。对于高速铁路能力综合利用和提升优化从资源配置、设备设施、车站作业组织和行车组织四个方面进行理论研究。

3.2 铁路核心产品设计理论

3.2.1 铁路客货运输产品设计理论

在复杂路网、多元客货运需求、多服务模式条件下，客货运输需求差异化巨大，谱系化运输产品设计对于研究“车-流-网”动态系统中超大规模组合要素之间的协调匹配关系有重要作用，新型运输工程技术理论体系需设计满足差异化客货运需求的谱系化运输产品设计理论。

1. 铁路谱系化客运产品设计理论

客运方面基于节点分级和客流需求的谱系化产品设计原则，谱系化技术理论包括在列车周期开行模式下，对某条高铁线路本线列车、平日列车进行起讫点(即运距)、停站方式、开行时刻及开行频率的谱系化设计。结合国内客运需求和线路特点，国内谱系产品维度框架包含总谱模块、总系模块、服务模块，重点研究基于客流分配的列车谱系生成方法。

一般而言，“谱”的定义为：按照事物的类别或系统编排记录；“系”(系列)的定义为：有相互关联而组成的事物。

结合铁路旅客列车产品定义，从“谱”与“系”的基本定义可以演绎“列车产品谱系”：“谱系”中的“谱”有差异性的含义，“系”有系列化的含义。从横向的差别角度来讲，不同“谱”、不同“系”中的列车产品，形式层和附加层产品的属性组合应有显著的区别；相应地，同一“谱”、同一“系”下的列车产品之间应具有相似性。“谱系”同时具有传承性的含义，因此从纵向的时间角度来讲，同一“谱”、同一“系”下的列车产品，随着历次的调图，列车属性应对先前的列车有继承、保持一定的稳定性。

(1)列车谱系

列车谱系从结构上可以纵深划分，划分为几个层级取决于划分维度，例如按“谱→系→子系→孙系”的纵深逻辑。划分维度即为列车的开行特点，通过列车开行要素描述。

列车产品谱系划分最基本的原则是基于旅客需求，即每个系列的列车产品都应该有自身特色、并有较为明确的重点服务旅客对象。从这一点出发，最高层级的“谱”划分维度应为大类旅客需求，例如高铁旅客需求、普速铁路旅客需求、旅游旅客需求、联运旅客需求、通勤旅客需求、弱势旅客(如贫困、老年等)需求等。划分“系”及以下层级，实质上是对大类旅客需求继续细分目标旅客群体，例如，高铁旅客需求，既有对旅速、舒适性要求较高的高端客流，也有更注重经济性的普通客流。因此，“系”及以下层级的划分维度可以采用列车停站方式、速度等级、运距、开行时段等列车开行要素；通过这些要素的纵深式组合，形成差别化属性的列车种类。

列车谱系的表现形式如图 3.2 所示，以谱 1 为例展示了纵深扩展至孙系的过程，例如：

- “谱 1”针对高铁旅客群体；
- “系”层级以列车停站方式作为划分维度，基于车站等级划分，区分为大站直达、大站停、大中站停、大中小多站停几种列车；
- “子系”层级以列车运距作为划分维度，区分为长途、中途、短途列车；
- “孙系”层级以列车开行时间作为划分维度，区分为整点列车与非整点列车、高峰列车、低峰列车等。

若系 1 为“大站直达”列车，则子系 1-j 对“大站直达”列车继续划分“大站直达长途”“大站直达中途”“大站直达短途”列车；孙系 1-k 对“大站直达长途”列车继续组合划分为“大站直达长途整点高峰”“大站直达长途整点低高峰”“大站直达长途非整点高峰”“大站直达长途非整点低峰”列车，并可以从中选择适宜开行的列车种类。

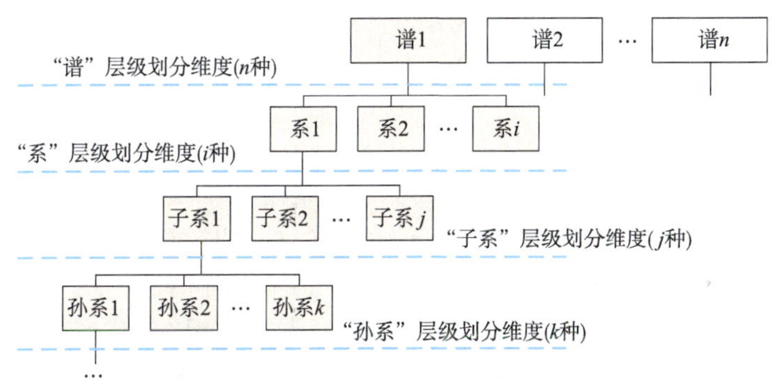

图 3.2　列车谱系的表现形式

(2)列车产品谱系

只有列车还不能构成完整的列车产品，必须带有价格并附加上服务。服务可通过具体的服务项目和为达到服务效果而配置的车厢设施设备来体现。

在图 3.2 中，由于各孙系的列车服务属性均有差异，结合各孙系列车重点服务的旅客对象，进一步叠加设计服务项目、票制票价以及与之相匹配的车辆设施设备(包括外观与涂装)，从而形成完整列车产品谱系，表现形式如图 3.3 所示(基于图 3.2 的谱 1 案例)。

综上，旅客列车产品谱系化可以理解为：根据不同出行需求的旅客，所针对性地设计出的列车产品具有差异性；根据旅客需求的发展演变，每个谱系下的列车产品调整与新增时，将遵循该谱系列车产品属性组合规则，即继承该谱系列车产品的属性特征。

在具体设计谱系化列车产品时，着重从形式产品层面和附加产品层出发，即不同谱系下的列车产品，根据其服务目标旅客的特点，首先对形式产品层的属性要素进行分类、组合，再对附加层次，即列车产品的服务内容等进行设计。

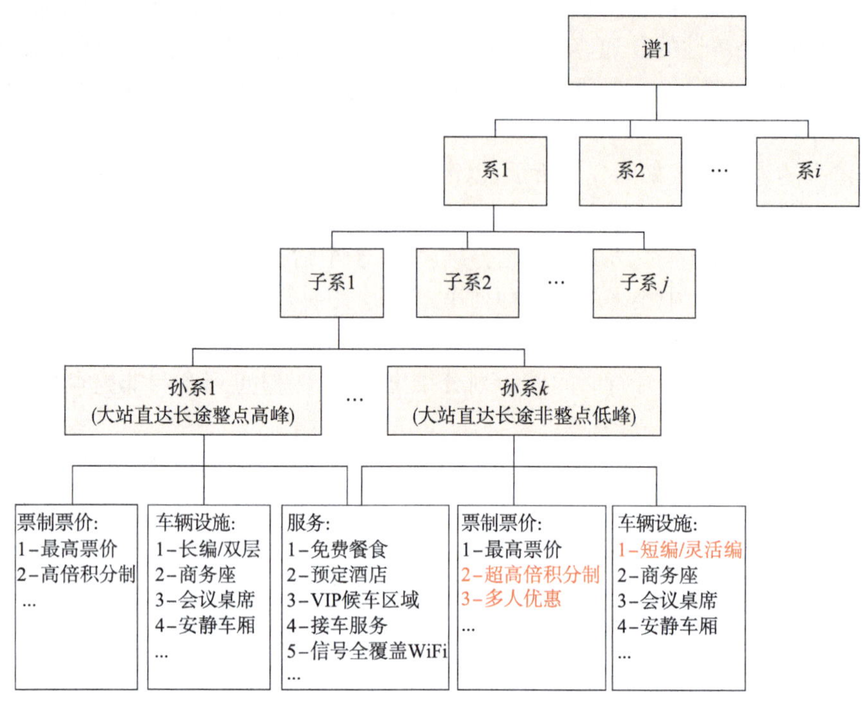

图 3.3 列车产品谱系的表现形式

铁路客运产品是一种无形产品,是铁路旅客运输过程中实现的旅客在空间上的位移,具有非实体性。铁路客运产品不能储存也不能转移,具有时间和空间的不可替代性,铁路客运产品的生产与消费过程是同步完成的,具有产销不可分离性。现代营销理论认为,产品的概念应该是一个整体性概念,它包含三个层次:核心产品、形式产品、附加产品。铁路客运产品的整体概念也包括这三个层次其具备"位移"和"服务"的双重属性。铁路客运产品一般以旅客列车作为主要表现形式,包含列车的种类、起讫点、开行数量、经由线路(运行径路)、编组及定员、停站方案等要素。

旅客列车产品谱系列车产品谱系划分最基本的原则是基于旅客需求,即每个系列的列车产品都应该有自身特色、并有较为明确的重点服务旅客对象。根据不同出行需求的旅客,所针对性地设计出的列车产品具有差异性;根据旅客需求的发展演变,每个谱系下的列车产品调整与新增时,将遵循该谱系列车产品属性组合规则,即继承该谱系列车产品的属性特征。在具体设计谱系化列车产品时,着重从形式产品层面和附加产品层出发,即不同谱系下的列车产品,根据其服务目标旅客的特点,首先对形式产品层的属性要素进行分类、组合,再对附加层次,即列车产品的服务内容等进行设计。

通过在停站方式、停站数量、开行日期、开行规律、运营速度、列车运距、价格优惠、列车专用等维度对谱系化产品进行适应性分析,对高速列车产品谱系维度的研究范围限定在:列车周期开行模式下,对某条高铁线路(如京沪线)本线列车、平日列车进行起讫点(即运距)、停站方式、开行时刻及开行频率的谱系化设计。采用节点分级与客流需求相结合的原则进行我国高铁谱系化列车产品设计,前者是设计谱系产品的基础,后者是设计谱系产品的约束、补充和提升。

根据旅客列车产品谱系化定义和规则，谱系产品维度框架分为总谱模块、总系模块和服务模块三大模块。

总谱模块包含总层级和谱层级两个层级。总层级是需要进行谱系化设计的研究对象，在本研究中即为铁路旅客列车产品。谱层级将旅客按不同出行需求类别进行划分，然后设计相应“谱”列车服务该种客流。

总系模块可纵深式划分为系、子系、孙系等层级，每层级对应一种或几种形式产品维度。总系模块设计的目的，是将每个谱层级对应的旅客需求进一步细分，使各系列的列车能更好地满足特定需求的旅客。

服务模块是根据总系模块产生的不同系列的列车，针对性地设计票制票价、站车服务项目、延伸服务项目等。在借鉴国内外经验时应分析其适用条件，并结合旅客意愿调查来完成设计。

(3)基于客流分配的列车谱系生成方法

基于客流分配的列车谱系生成方法是利用车流匹配分析结果，从客流量和周转量指标方面，归纳出不同系列列车的重点服务 OD 客流，“车流匹配”机制得以量化，构建了谱系列车起讫点生成模型和谱系列车停站方式生成模型。

①谱系列车起讫点生成模型

a. 目标函数

为了体现对能力利用、经济效益方面的影响，模型以旅客周转量最大化为优化目标函数，即

$$\max\sum_{i} g_i/(i\cdot h_l)\ \forall i\in l \tag{3.1}$$

$$\min N_l \tag{3.2}$$

式中 g_i——列车 OD 对 i 的客流运距；

h_l——列车 l 的起讫点距离，即列车运距。

b. 约束条件

为了判断某起讫点列车 l 是否有足够的客流量以支持其开行，应考察列车 l 在各区间所能覆盖的客流密度 Q_{le}，最大值应支持至少一天开行 N 列列车。

$$\max Q_{le}\geqslant N\cdot K\cdot A \tag{3.3}$$

(2)谱系列车停站方式生成模型

a. 目标函数

为了体现停站对能力利用的影响，模型以总列车虚糜最小化作为优化目标函数，即

$$\min\sum_{e}\sum_{l}(f_{le}\cdot k_{le}-q_{le}) \tag{3.4}$$

对于设计出的每一种谱系列车，将实际客流分配到列车上后，应尽量使列车 l 每一个区间 E 的客流总量 q_{le} 尽量饱满，从而使整列车的客座虚靡最小化。

b. 约束条件

重点客流比例约束

$$\sum_{l} Q_l\geqslant Q\cdot\varphi \tag{3.5}$$

式中 Q_l——列车 L 所带总客流；

Q——总客流量；

φ——建议客流量比例。

单趟列车的停站次数约束

$$N_{sl} \leqslant W_l^{\max} \tag{3.6}$$

式中 N_{sl}——列车 L 的设计停站次数；

$W_l^{\max}$——L 列车所属谱系列车的停站次数上限。

单趟列车的连续停站次数约束

$$N_{sle} \leqslant W_{le}^{\max} \tag{3.7}$$

式中 N_{sle}——列车 L 的连续停站次数；

$W_{le}^{\max}$——L 列车所属谱系列车的连续停站上限。

是否设计子系列车约束

$$\min Q_e \geqslant N_t \cdot K \cdot A \tag{3.8}$$

式中 Q_e——区间 e 客流密度；

N_t——建议最小开行周期数(若采用周期模式)；

K——列车定员；

A——列车客座利用率。

站点 OD 客流直达约束

在设计的停站方式中，任一车站的旅客可以直达所有其他车站。

$$\prod_{i}^{n} L_{I_i} \geqslant 0 \tag{3.9}$$

$$L_{I_i}=\begin{cases}1,\text{存在列车 } L \text{ 服务于 OD 对 } I_i \\ 0,\text{不存在列车 } L \text{ 服务于 OD 对 } I_i\end{cases} \tag{3.10}$$

当任意 OD 对 I_i 均有列车服务时，则所有 OD 客流均可实现直达。

对谱系化产品中的列车起讫点和停站方式分别建模的目的是先求得优化的列车起讫点方案，再基于该起讫点对停站方式进行设计。

2. 铁路谱系化货运产品设计理论

铁路发展货物运输的核心是业务流程再造与运输产品的创新，其中运输产品的创新尤为重要。根据货物运输市场的发展变化与客户的需求来看，铁路货运产品的设计应从传统的提供单一运输服务转变为提供全程物流服务，即建立起以运输服务为核心，以储存、装卸搬运、流程加工、配送及信息处理功能等为附属的铁路谱系化货运产品；根据服务对象来看，应遵循“稳黑增白”这一措施，即在稳定铁路货运营销的主战场——黑货市场的同时，积极开展白货市场的运输服务。谱系化货物产品设计理论包括对铁路大宗直达货运产品进行谱系化结构设计，基于货物品类、开行方式、时效性和运输组织方面对铁路谱系化大宗货运产品进行分类，还包括对高铁快运物流干线运输服务产品、“门到门”全程物流服务产品和增值服务产品的细分设计，构建高铁快运物流服务产品谱系。

(1)铁路大宗直达货运产品谱系化结构设计

根据货物运输对象的性质，对铁路谱系化货运产品可分为大宗直达货物运输产品、快捷货物运输产品、专业货物运输产以及国际货物运输产品。

大宗货物直达列车是指国铁集团公布的，固定货物发、到站，固定发、收货人，固定车次开行的始发整列货物列车，而且目前，铁路大宗直达货运产品主要集中在煤炭、石油、粮食等重点物资上；铁路快捷货物运输产品包括特快班列、快速班列、普快班列、多式联运快速班列、多式联运普快班列等；铁路专业货物运输产品包括商品车运输产品、大件运输产品、冷链运输产品及危险品运输产品四类；国际货物运输产品主要指的是服务于中欧铁路新通道的国际集装箱班列。

基于货物品类的大宗直达货物运输产品谱系设计方面，大宗直达货物列车运输的货物品类主要有煤炭、石油、焦炭、金属矿石、钢铁、粮食。基于开行方式的大宗直达货物运输产品谱系设计方面，大宗直达货物列车的开行方式有重去重回、重去空回、单程直达三种。基于时效性的大宗直达货物运输产品谱系设计方面，大宗货物直达货物运输产品的开行可以减少途中编组的时间，缩短货物运输的时间，扩展铁路货运市场，提升铁路经济效益。基于运输组织的大宗直达货物运输产品谱系设计方面，按照组织条件，直达列车可分为：在同一车站的一个或几个装车点，由一个或几个发货单位所装车辆组成的始发直达列车；由同一区段内（包括衔接支线）或同一枢纽内的几个车站所装车辆组成的阶梯直达列车；在基地站（一般为装车地的技术站或干支线联轨站）所组成的基地直达列车。

综上，铁路大宗直达货物运输产品谱系化设计如图 3.4 所示。

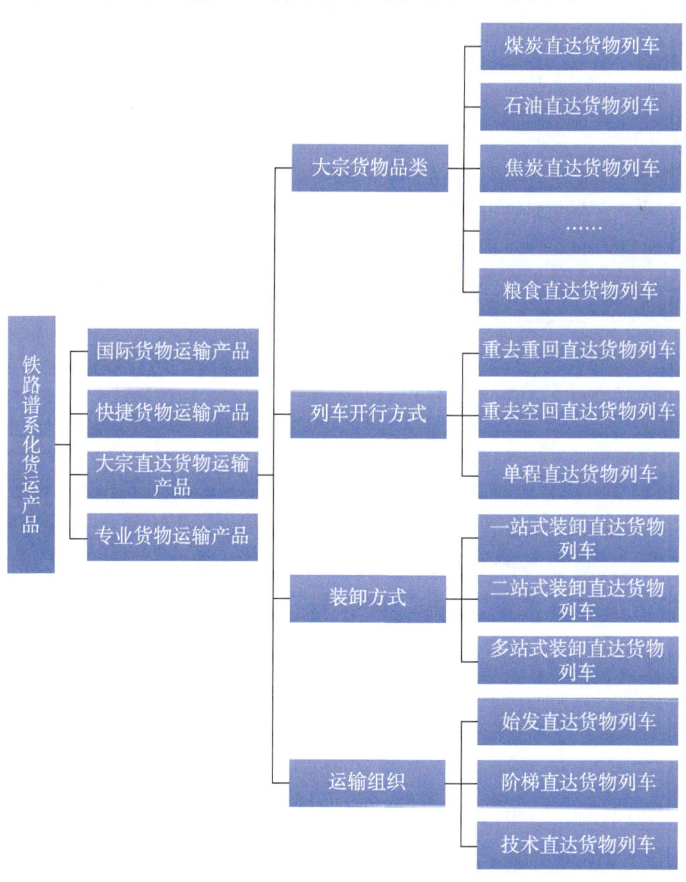

图 3.4　铁路大宗直达货物运输产品谱系化设计图

(2)高铁快运谱系化产品设计

高铁快运物流产品为客户提供的是无形物流服务,其设计过程类似产品设计过程,具有层次性、多属性特点,采用基于 KANO 分析的需求分解方法,为高铁快运物流产品整个设计过程提供科学依据。基于 KANO 模型的产品设计理论开展的高铁快运物流产品需求分解技术研究的应用可以有效指导企业准确把握客户需求,面向客户需求,在资源重新配置基础上进行服务创新,有利于提升高铁快运物流资源可重用性、建立市场快速响应机制、提高物流服务可靠性,进而为企业赢得时间、成本及质量等各种竞争优势。

系统设计高铁快运物流服务产品谱系综合应用了高铁快运物流需求分解处理技术、需求重组及物流资源配置技术和产品设计技术,以高铁快运物流客户需求为基础,对高铁快运物流服务产品进行谱系化设计。基于高铁快运物流目标市场细分及客户需求分析,对高铁快运物流干线运输服务产品、"门到门"全程物流服务产品和增值服务产品进行细分设计,可构建高铁快运物流服务产品谱系如图 3.5 所示。

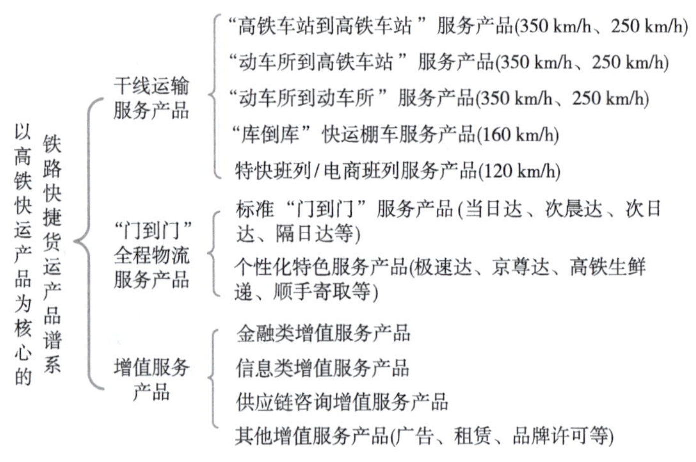

图 3.5　高铁快运物流服务产品谱系图

3.2.2　铁路客货运全过程运输组织及计划编制理论

铁路客货运全过程运输组织及计划编制理论明晰运输作业演变与运输计划变化的映射关系,揭示基于运输计划构建的不同粒度客货运服务网时空耦合特征与运输效率的作用关系、反馈机理,掌握运输服务网络中瓶颈转移转化及供需平衡规律,形成适应不同铁路产品特点的客货运输效能提升机制,进行铁路客货运输流程再造,为全程运输计划一体化编制、运到期限保障等技术提供理论基础。

3.2.3　铁路旅客运输流程再造

铁路旅客运输组织流程再造是以铁路旅客列车运输计划和铁路旅客服务过程的一系列活动为基点,跨越不同职能和多个部门,从整体优化的角度综合考虑与分析组织流程,优化客运组织过程,满足旅客需求,提高客运服务质量。根据当前铁路旅客运输流程的现状和问题,铁路客运要牢固树立以旅客需求为中心的观念,坚持"以人为本、旅客至上"的服务理念，优化列车运输计划流程，简化旅客服务流程，满足旅客出行需求并为旅客创造良好的服务环境。

在旅客列车运输计划流程再造方面，在满足车站整备能力、车辆总数和列车编组辆数等能力资源限制以及列车作业相容性条件下，以铁路企业效益最大化为目标，同时优化旅客列车开行方案和列车运行图，使编制的列车运行图更加符合动态客流需求；以行车和动车组运用抗干扰能力最佳和动车组购置成本最小为目标，即考虑在列车追踪间隔、动车组接续（清洁、换端、排污）和检修等工作中提供较多的缓冲时间保证正点以及使用最少数量的动车组，一体化编制运行图和动车组运用计划；进一步深入对动车组运用问题、乘务计划问题这类资源优化问题的认识，通过对其共性特征的分析与刻画，进一步研究适应动车组运用计划和乘务计划问题新特点和问题特征动态变化的优化方法；研究客运需求管控与运力资源配置耦合机理，构建一种基于需求响应的列车运行图编制管理机制，适应市场的动态需求变化，提高列车运行图的准确性和细致性。

在铁路旅客服务再造方面，应加强铁路与城市交通的衔接与协作，特别是铁路大型客运站，应该成为城市公共交通的换乘交通枢纽，同时提升换乘枢纽现代化水平，使之成为资源要素高效流转的载体，提高旅客集散效率，进一步实现“门到门”运输；针对旅客在进出站、购票、候车、上车、换乘、行包托运等各个环节存在重复和不合理问题，应优化服务流程，提高服务流程中各环节的智能化水平，简化手续，降低旅客的时间成本、精力成本和体力成本，不断增强旅客出行体验；以方便旅客出行为出发点，以构建方便、快捷、安全、高效的综合客运服务体系为目标，以创新体制机制、政策法规、标准规范为重点，充分利用现代信息技术手段，创新客运服务模式、加强信息互联互通，提高旅客联程运输服务水平，满足旅客个性化、多样化出行需求。

3.2.4 铁路货物运输流程再造

铁路货运业务基本流程可以分为三个部分，分别是业务受理、货物运输及货物交付。业务受理是指铁路货运部门接受货物运输的订单申请，其中涉及订单的发放、货物的托运及进展检查、装车等多个环节；货物运输主要包括对货物的检查、整理、调度及运输障碍的处理等；货物交付是指运抵目的地以后与收货人进行的货物交接，其中涉及货物的检查、整理、卸车及仓储等多个环节。铁路货物运输基本流程如图 3.6 所示。

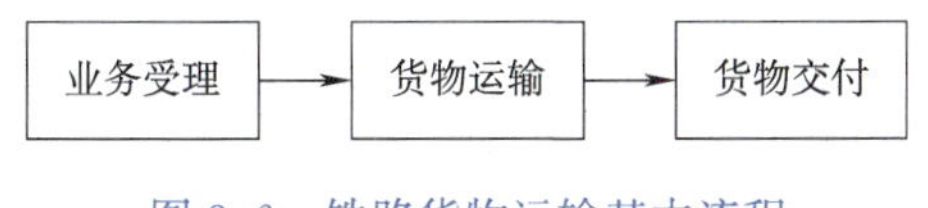

图 3.6　铁路货物运输基本流程

铁路货物运输流程再造是以铁路货运生产过程的一系列作业活动为基点，跨越不同职能和多个部门，从整体优化的角度综合考虑与分析业务流程，优化货运业务作业过程，满足客户需求，提高服务质量。

业务受理方面继续实施电子货票，通过电子货票综合管理系统，货票可在车站间进行电子化传递，在提高工作效率的同时，更提高了货运票据传递的安全系数和数据传输的精准性，既节约了铁路运营成本，也降低了客户的物流成本。货运产品及运输作业方面，将

"组织为主，规划为辅"型的运输方式转变为"规划为主，组织为辅"型运输方式；根据货物的类别、货物特性、货主诉求、货物装车地等条件以及未来货物运输发展的趋势，设计出谱系化的货运产品，以满足不同的运输需求；提高货物装卸效率，加强货物装载及在途运送的安全保障；加强货物运到期限管控，提高货物运到时长的稳定性和准确性。货物交付方面，加速推进个人身份认证电子密钥发放系统的建设与使用，以实现货物电子交付，实现货运全程电子化。货物电子交付过程中，货主仅需输入运单号，验证身份，即可办理货物交付；加速电子支付方式的实现，给客户提供更加便利的支付方式；与相关物流公司合作或者由货运外勤负责，争取做到"门到门"运输。

3.3 路网全局安全状态演化规律与主动调控机理

3.3.1 路网全局运行因素动态耦合机理

路网全局运行因素动态耦合机理主要研究风险分析和风险防控两大方面。海量的高铁路网运营与安全大数据构成复杂，处理难度大。可采用人工智能技术，结合铁路安全领域知识，对铁路安全文本数据进行知识的抽取、智能的分析，以提升铁路文本数据资源的综合利用程度。依据安全隐患文本中所描述事故隐患的严重程度，采用卷积神经网络对其进行分类，辅助工作人员管理安全隐患文本数据。随后采用解释结构模型等方法进一步识别路网各类风险源，将影响运营安全的重要因素筛选出，进而考虑风险发生概率以及风险产生后果严重程度两个方面构建基于动态贝叶斯网络模型等的路网动态风险评估模型以及合理的路网风险评估指标体系，最终依据风险评估结果考虑不同风险等级下的动态响应与资源配置，建立有效的动态风险防控方案，降低风险事件发生的可能性以及风险事件造成的后果，实现科学优化的风险调控以及应急处置措施。

路网全局运行因素动态耦合机理主要包括四个方面理论研究，分别是基于知识图谱的列车运行风险分析、辨识及预测技术，路网运营风险辨识、分析与预测，路网运行风险动态评估与分级模型，面向动态风险分级的路网资源调控及应急预案。该理论研究首先在数据分析预处理方面开展面向路网安全文本数据知识抽取技术、面向路网运营与安全风险因素的识别、关系的抽取及知识图谱构建、铁路安全隐患文本严重程度分类研究。随后进行风险因子辨识，建立解释结构模型、贝叶斯网络模型等风险预测模型，对高铁列车运行风险进行概率计算以及风险等级评估，预测列车非正常行车概率以及相应风险等级，搭建路网运行风险分析及调控原型系统。然后，根据铁路网拓扑结构和列车流，运用复杂网络理论方法构建铁路运输网络，并提出网络效率和能力损失计算方法，根据风险发生概率和网络影响结果分析路网安全状态，识别安全关键车站和区间，并评估风险等级。最后在建立动态风险输入与应急响应之间的映射关系的基础上，研究应急处置资源配置优化和应急预案适配生成问题，进而形成路网环境下路网全局运行因素动态耦合机理，如图 3.7 所示。

1. 基于知识图谱的列车运行风险辨识

大量的铁路安全相关文本记录蕴含着大量有价值的铁路安全信息，通过对这些文本的分析并有针对性地加以利用，有助于更好地进行风险识别，提升铁路运输的安全性。针对

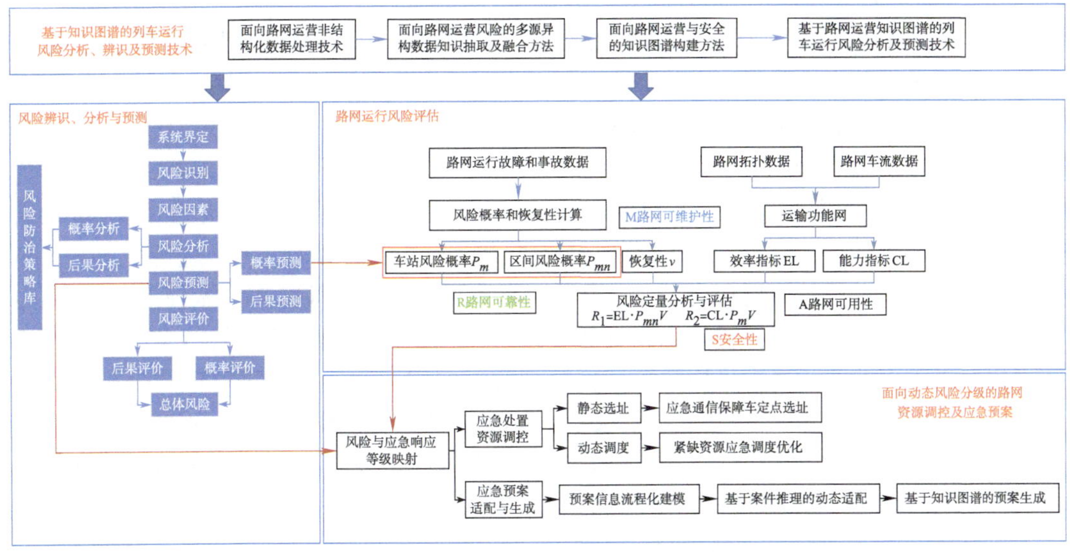

图 3.7 路网环境下路网全局运行因素动态耦合机理

此问题，依靠人工智能技术，结合铁路安全领域知识，对铁路安全文本数据进行知识抽取、智能分析，提升铁路文本数据资源的综合利用程度则显得尤其必要。

(1)面向路网安全文本数据知识抽取技术

采用非结构化文本结构化处理技术对文本数据进行处理，主要采用短文本转向量的技术将文本转化为可计算的向量格式，它可以有效地利用文本中的上下文信息，将文本转化为一个向量的形式。其技术路线如图 3.8 所示。

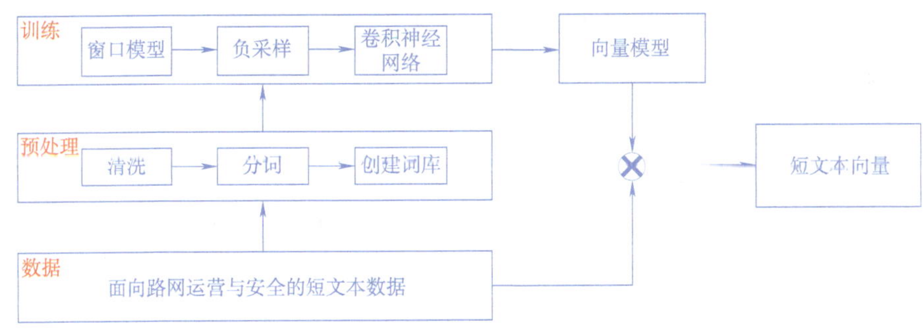

图 3.8 短文本转换向量技术路线图

短文本转向量的主要过程包括：数据预处理、模型训练、根据训练的模型将短文本转为向量等流程。

(2)面向路网运营与安全风险因素的识别、关系的抽取及知识图谱构建

对铁路安全文本中所描述的风险因素、风险关系进行形式化表示，采用深度学习技术从铁路安全文本数据中抽取铁路风险关系，进而构建面向路网运营与安全数据的知识图谱，将非结构化的铁路安全文本数据转换为结构化的知识图谱形式。

(3)铁路安全隐患文本严重程度分类研究

依据安全隐患文本中所描述事故隐患的严重程度，采用卷积神经网络对其进行分类，辅助工作人员管理安全隐患文本数据。

2. 路网运营风险辨识、分析与预测

高速铁路运营监控控制系统是一个以行车系统人员为核心，管理为中枢，行车设备为基础，环境为条件的实时监控动态控制系统，对于我国高速铁路的实际运营情况，可从人员、设备、外部环境、管理四个方面分别对高速铁路运营事故中的风险因子进行辨识并对各风险因子耦合关系进行分析。通过建立高铁列车非正常行车风险概率预测模型，可以确定车辆运行的实时风险等级。建模思路具体包括：(1)根据高铁列车非正常行车的事件写实数据提取出对应的变量；(2)采用解释结构模型对影响因素间的关系进行耦合分析；(3)在解释结构模型分析的基础上，建立基于假设的贝叶斯网络结构模型；(4)运用专家咨询法和D-S证据融合理论，对贝叶斯网络进行调整，最终得到高铁列车非正常行车的贝叶斯网络模型。

3. 路网运行风险动态评估与分级模型

从网络结构和列车运行角度分别计算路网效率和能力指标，以此评价路网运行状态。铁路运输网络可视为一个系统，由于存在维修天窗，假设每天铁路网运行状态均可恢复到初始状态。根据铁路历史写实数据，提取每个区段或车站发生事故或故障次数，假设区段L_{mn}发生风险事件的概率为R_{mn}，考虑上下行线，风险导致区段L_{mn}行车中断的概率为

$$P_{mn}=\frac{R_{mn}}{2} \tag{3.11}$$

假设车站m发生事故的概率为R_m，然而，车站发生事故后，由于车站存在多个股道和道岔可用于列车通行，单个股道或道岔的运行事故不会严重影响路网运行状态。假设车站m的咽喉数量为M，那么风险导致车站m行车中断的概率为

$$P_m=\frac{R_m}{M} \tag{3.12}$$

(1)路网效率计算

可采用网络效能指标来评估路网运行事故所造成的网络效率的变化。网络效率能够通过整合网络结构和列车运行影响，综合反映铁路运输网络的运行效率。基于复杂网络理论，由于不同车站之间的列车开行数量不同，路网的效率E可表示为

$$E=\sum_{mn}\frac{u_{mn}}{d_{mn}} \tag{3.13}$$

式中　u_{mn}——车站m和n之间的开行列车数，表示车站m和车站n之间的连接权重；

d_{mn}——车站m和n之间的最短距离。

由于风险发生，车站m和n之间的线路或车站可能发生行车中断，令线路或车站中断后网络的效率为E'，那么网络效率损失为

$$\Delta E=\frac{E-E'}{E} \tag{3.14}$$

(2)路网输入输出能力计算

路网输入输出能力是指当前路网能够容纳的最大列车开行数量，基于投入-产出(I-O)

模型,可构建路网能力评估方法。I-O 模型来源于经济学并被用来测度宏观经济中的供需平衡。I-O 模型可同时适用于有向和无向流网络能力的计算,并且可将路网运行计划视为路网能力供给和利用问题。路网能力指标从开行列车数量角度进行计算,进入车站 m 的列车流量为

$$X_m = \sum_{n=1}^{k-1} F_m^n X_n + x_m^k = \sum_{n=1}^{k-1} F_m^n X_n + U_i \tag{3.15}$$

式中 x_m^k——路网外部向内部车站 m 开行的列车数;

X_m——流入车站 m 的列车数;

F_m^n——从车站 n 出发开往车站 m 的列车数量占开往车站 n 的列车总数的比例。

公式(3.15)可表示为矩阵形式:

$$\boldsymbol{X} = F^{(-n)} \boldsymbol{X} + \boldsymbol{U} \tag{3.16}$$

其中 $\boldsymbol{X}$ 为进入路网车站总列车数量,$\boldsymbol{U}$ 为来自路网外部的列车数量,那么网络能力可计算为

$$\boldsymbol{X} = (1 - F^{(-n)})^{-1} \boldsymbol{U} \tag{3.17}$$

因此,当连接车站 u 和 v 的线路或者车站失效后,路网可进入的列车数量可计算为

$$\boldsymbol{X}^{-(u,v)} = (1 - F^{(-n-(u,v))})^{-1} \boldsymbol{U} \tag{3.18}$$

最后,网络能力损失可通过风险发生前后路网可进入列车总数之差进行测度:

$$\Delta C = \frac{\sum \boldsymbol{X} - \sum \boldsymbol{X}^{-(u,v)}}{\sum \boldsymbol{X}} \tag{3.19}$$

(3)路网可恢复性计算

路网发生事故后,采用应急处置措施可有效减少事故影响。路网状态可恢复性可通过事故发生和处置完毕的时间进行计算。令事故发生时间为 t_s,事故处置结束时间为 t_e,那么恢复时间为 $t_r = t_e - t_s$。可恢复性可表示为恢复时间在一天运营时间所占的比例:

$$V = \frac{t_r}{t_o} \tag{3.20}$$

式中 t_o——路网运营时间。

(4)路网风险评估与分级模型构建

根据计算的不同位置的事故发生概率,可计算网络效率和能力的损失,并作为风险评估指标。区段失效所造成的网络效能损失风险 EL 和能力损失风险 CL 分别为

$$\mathrm{EL} = P_{mn} \Delta \mathrm{EV}, \mathrm{CL} = P_{mn} \Delta CV \tag{3.21}$$

车站失效所造成的网络效能损失风险 EL 和能力损失风险 CL 分别为

$$\mathrm{EL} = P_m \Delta \mathrm{EV}, \mathrm{CL} = P_m \Delta CV \tag{3.22}$$

通过现场调研,可获得路网列车实际数据、基础设施数据和事故写实数据。列车实际数据包含经停车站和时刻;基础设施数据包括路网拓扑、车站股道等数据;事故写实数据包括事故发生和结束时间、事故原因以及事故位置等数据。

4. 面向动态风险分级的路网资源调控

充分挖掘动态风险条件下的应急处置需求,优化资源调配和预案流程卡控,可大大提高资源调拨速度和预案执行效能,有效提升应急响应和执行速度,实现由安全事件造成的

列车延误率降低的目标。

(1)铁路突发事件紧缺资源应急调度优化

铁路突发事件传播性强,容易诱发更广范围内的其他应急事件的发生,导致多个应急点同时需要多种资源的应急情况的出现。在这种情况下,现有储备的应急资源数量往往无法同时满足所有应急点的需求,需要统筹各应急点受灾程度和各资源的重要性等影响因素对应急资源进行合理分配。

①模型假设

已知各出救点至各应急点的资源运输时间、运输成本,各应急点对各种资源的需求数量以及各出救点中各种资源的储备数量。此外,各出救点救援范围均覆盖所有应急点。

②模型建立

以所有应急点资源缺失程度最小、资源运输成本最小为目标的资源调度模型:

$$\min\begin{cases} T=\sum_{j=1}^{m}\sum_{k=1}^{u}\sigma\times L_k^j \\ C=\sum_{i=1}^{n}\sum_{k=1}^{u}\left(v_{ik}t_{ik}\times\sum_{j=1}^{m}c_{ik}^j x_{ik}^j\right) \end{cases} \tag{3.23}$$

$$\text{s. t.}\begin{cases} \sum_{i=1}^{n}a_i^j<\sum_{k=1}^{u}b_k^j \\ \sum_{k=1}^{u}x_{ik}^j\leqslant a_i^j \\ L_k^j=\begin{cases}\beta_k \mathrm{e}^{\left(b_k^j-\sum_{i=1}^{n}x_{ik}^j\right)^{a^j k}}, & \sum_{i=1}^{n}x_{ik}^j\leqslant b_k^j \\ 0, & \text{否则}\end{cases} \\ x_{ik}^j\geqslant 0 \end{cases} \tag{3.24}$$

(2)基于随机 Petri 网的行车安全应急预案信息化流程建模

在 Petri 网中,任何系统都可抽象为状态、事件及其之间关系的三元结构。状态用库所(place)表示,事件用变迁(transaction)表示,库所决定变迁能否发生,变迁则能改变系统的状态。在建模的基础上,借助数学工具既可对模型的可达性、安全性等内容进行定性分析,也可对库所繁忙概率、系统平均延时等模型性能进行定量计算。

(3)行车安全应急预案 Petri 网模型实例化与性能分析

利用 Petri 网模型等价简化原理将实例化模型简化,建立关联矩阵,求解 T_不变量,从而分析模型的有效性,包括模型的活性、可达性、有界性和安全性等。接着利用模糊随机方法对模型的网络性能进行分析,包括库所的繁忙率、系统的变迁利用率、系统平均延时等,通过性能分析可筛选出模型的流通环节、信息反馈等方面存在的问题,并有针对性地优化应急预案中的相关环节,较好地实现流程卡控。

3.3.2 安全状态时空演化机理

1. 铁路非正常事件影响传播演化规律

(1)铁路非正常事件延误特性分析

铁路非正常事件分为 A、B、C、D 四个等级。A 级事故延误时间最长,对应的事故处理时间约在 200 min 以上，并且与线路平均行车间隔无关；B 级事故延误时间较长、行车间隔较小，其中事故处理时间主要分布在 50～150 min 之间，线路平均行车间隔时间取值集中于10～25 min 之间；C 级事故延误时间最小、行车间隔较小，其中事故处理时间主要在 0～50 min 之间，线路平均行车间隔时间取值集中于在 5～15 min 之间；D 级事故延误时间较小、行车间隔最大，其中事故处理时间取值主要在 0～35 min 之间，线路平均行车间隔时间取值集中于在 30～75 min 之间。其中，B 级和 C 级事故的发生频率最高并且易于形成延误的传播，是铁路延误传播规律研究的基础场景。

铁路非正常事件延误宏观特性分析包括初始延误特性和连带延误特性两个方面。在初始延误分析层面，90％的非正常事件产生的初始延误时间在 60 min 以内，65％的非正常事件产生的初始延误在 20 min 以内。在连带延误分析层面，B 级非正常事件的前向连带延误平均传播速率高于 C 级事件，且降低到同等传播速率需要消耗更多的动态阻抗，因此 B 级事件传播覆盖范围广；而 C 级事故的连带延误平均传播速率随阻抗增加降低较快，表明 C 级事件造成的影响恢复较快。

(2)铁路非正常事件下列车延误传播极大代数建模

在非正常事件下，高速铁路列车运行图受到干扰偏离图定运行计划并将导致运行冲突，由于运行图冗余时间对列车运行冲突的吸收作用是有限的，当时刻表偏差无法消除时，会产生晚点传播。非正常事件下冲突疏解策略影响延误的传播演化特性，有必要构建一个与冲突疏解策略相结合的延误动态传播解析模型，以提高面对非正常事件下的调度水平和决策能力。

列车运行过程在本质上是列车与车站、区间不断发生关系的过程，将列车运行过程视为离散事件动态系统(DEDS)，用极大代数理论来描述列车运行过程中各事件的起止时刻和运行状态，建立 DEDS 状态空间模型解析列车延误传播机理。系统定义第 k 列列车进入第 i 个分区的发车时刻为 u_{ik}，离开第 i 个分区的最早发车时刻为 x_{ik}，列车 k 在分区 i 的运行时间为 t_{ik}，第 k 列车与其前行第 $k-1$ 列车的行车间隔为 I_k^{k-1}，基于上述定义按照行车规则构建基本约束条件和状态空间矩阵，并讨论行车次序变更、停站方案调整、车站延误等条件下系统参数设置和动态调整方法。

(3)铁路非正常事件延误评估系统框架设计

非正常事件延误评估系统主要包括四大模块，分别是数据读取、参数调整、延误计算和延误评估分析。

①数据读取。根据非正常事件的位置信息确定对应调度区段读取当前车次及其后续列车的基本运行图和实绩运行图数据。

②参数调整。根据不同的输入策略调整对应的参数，输入策略的类型涵盖区间停车、区间限速调整、停站时间调整、变更停站方案、变更行车次序以及上述不同策略的组合。

③延误计算。根据极大代数状态空间模型的应用流程逐次迭代计算非正常事件影响下各车次在各车站的理论发车时刻。

④评估分析。将计算得到的各车次在各车站的实际发车时刻与基本图进行对比，分析各受影响车次在线路区段上的延误传播情况，分析各车站的累积延误以及运行区段的能力损失情况。

(4)面向非正常事件的列车延误预测方法

①特征变量的选择

根据对列车晚点具体情况的分析,可确定以下 9 个显著的输入变量对列车后续到站晚点情况进行准确预测。这些变量包括,限速(X_1)、车次(X_2)、故障影响类型(直接与间接)(X_3)、图定到达时间(X_4)、行程总长度(X_5)、车站(X_6)、列车行驶时间(X_7)、行程百分比(X_8)和晚点时间(X_9)。列车在下一站的到站晚点时间(Y)为模型的输出变量。

②模型介绍

可用基于贝叶斯优化的 XGBoost 模型来进行延误预测,并选取已经成功应用于延误预测领域的渐进梯度回归树(GBDT)、随机森林(RF)、极限学习机(ELM)方法作为基准模型用于对比与评价。

XGBoost 是基于 Boosting 算法的集成学习方法,因为其预测精度高、训练速度快、擅长处理高纬度数据等优点而被广泛运用,其实现方法是通过构建多个独立的弱学习器并将它们组合在一起,获得一个较强的学习器。这种方法相较于单个模型通常能够获得更好的预测结果。其基本原理如图 3.9 所示。

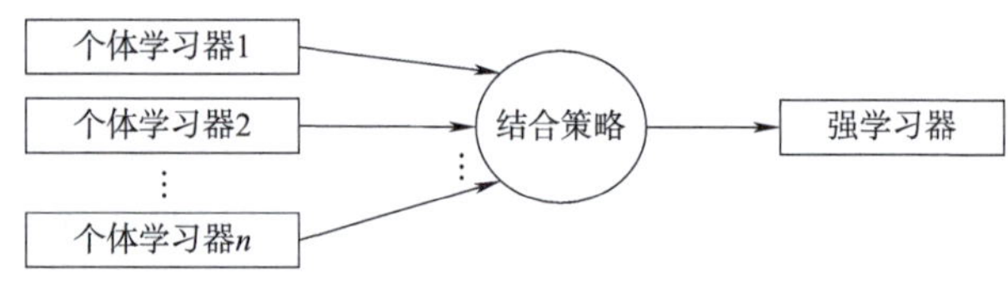

图 3.9　集成学习示意图

贝叶斯优化算法是基于概率分布的优化算法,可使用该算法对 XGBoost 预测模型进行参数优化。贝叶斯优化算法主要步骤分为两步:首先选用具有很强灵活性和可追踪性的高速过程作为表示被优化函数的分布假设;其次选择合适的提取函数用于从模型后验分布中构造效用函数,确定下一个参数集进行评估,直到所选的参数满足 XGBoost 模型的预测精度。

2. 非正常事件下路网图定能力评估方法

非正常事件下路网图定能力评估方法由非正常事件下路网能力计算、基于谱聚类的非正常事件下路网能力瓶颈辨识两部分构成。①以列车初始延误、列车调整策略和列车运行基本数据作为数据输入,构建基于运行调整的替代图优化模型来计算非正常事件下路网能力;②由生成的调整后列车运行图计算路段能力,构建非正常事件下路网能力拓扑图,应用谱聚类算法将路网能力拓扑图划分为子拓扑图,识辨出路网能力瓶颈路段。

(1)非正常事件下的路网能力计算方法

根据替代图模型原理和模型符号,通过以下步骤构建替代图。

步骤 1:获取列车运行的基本信息,包括列车始发终到车站、列车走行线路、区间距离和线路允许速度等。根据待调度列车途经区间(股道)信息,生成节点集合 N,其中节点的运行值通过区间距离、线路允许速度和列车速度计算确定;节点初始起止时间通过图定时间及外部信息设定;节点影响因子的值等于对应列车优先级的值。

步骤 2:由相邻节点对应替代弧生成替代弧集合 F。

步骤 3：对 $\forall(k,i)\in F$，$\forall(j,h)\in F$，如果$(t_k^a,t_i^l)\cap(t_j^a,t_h^l)\neq\varnothing$且 $P(i)=P(h)$则由$((i,j),(h,k))$生成替代对集合 A。

步骤 4：对 $\forall((i,j),(h,k))\in A$，将替代弧$(i,j)$和$(h,k)$添加到集合 F。

步骤 5：生成替代图 $G=(N,F,A)$，并完善其基本信息。

(2)基于谱聚类的非正常事件下路网能力瓶颈辨识

①非正常事件下能力网络构建方法

无向交通网络 $G=(V,E,W)$，其中 V 表示节点集合，E 表示边集合，W 表示边的权重代表路段的能力。网络 G 的权重邻接矩阵 $\boldsymbol{A}_G$ 的元素 $a_{i,j}=w_e$，其中 $e=E_{(i,j)}$，否则 $a_{i,j}=0$；且 $a_{i,j}=a_{j,i}$。定义 $\boldsymbol{D}_G$ 为网络G 的对角矩阵，其主对角线上的元素 $d_{i,i}=\sum\limits_{j=1}^{n}w_{i,j}$，则网络的拉普拉斯矩阵 $\boldsymbol{L}_G$ 为：

$$\boldsymbol{L}_G=\boldsymbol{D}_G-\boldsymbol{A}_G$$

②非正常事件下路网能力瓶颈辨识方法

基于谱聚类路网能力瓶颈识别算法如下：

步骤 1：由生成的调整后列车运行图计算路段能力，构建无向权重交通网络 G，生成交通网络 G 的邻接矩阵 $\boldsymbol{A}_G$。

步骤 2：计算交通网络 G 的对角矩阵 $\boldsymbol{D}_G$，并生成拉普拉斯矩阵 $\boldsymbol{L}_G$；

步骤 3：归一化拉普拉斯矩阵 $\boldsymbol{L}_G$；

步骤 4：计算归一化的拉普拉斯矩阵的第二小特征值 λ_2 和特征向量 φ_2；

步骤 5：根据特征向量 φ_2 和阈值 τ，划分交通网络，被切割的边为交通瓶颈路段。

3. 列车运行与维修优化协同理论

(1)设施维修优化与促进路网列车高效运行的协同机理

对高铁列车运行产生影响的铁路设施故障维修事件与列车运行一体化的设施维修优化内涵主要涵盖两个方面，即计划维修层面及故障维修层面。维修计划优化从设施故障对列车运行影响的历史数据入手，基于统计故障规律和特征，找出对列车运行延误大的故障关键设施，将关键设备重点维修纳入维修计划优化考虑。设施故障维修与列车运行优化是指通过故障事件可能造成的对列车运行延误等级预测，及时调整运行策略，以减少实时故障维修导致的行车延误。

(2)基于可靠性理论的维修策略优化理论

维修工作的根本任务是在确保系统高可用性的同时追求维修费用尽可能低。维修策略优化的目标是寻求优化的维修周期，使设备维修成本/效益最佳。

构建以系统可靠性为约束条件的、基于维修费用最小的故障关键设备维修计划优化模型。下面以接触网设施为例进行验证。

自变量选择：设研究 i 个设备，将研究阶段划分为 j 个维修阶段，$p_{i,j}=0$ 或 1 表示第 i 个设备在第 j 维修阶段是否维修，0 表示不维修，1 表示维修。建立决策矩阵 $\boldsymbol{P}_{ij}$。

目标函数为该模型的经济指标，包括修复性维修成本、预防性维修成本、替换性维修以及维修的时间成本四部分。约束条件为设备的可靠性指标。

修复性维修的次数取决于 i 设备每次进行修复性维修的平均成本 c_i^r 以及设备的修复性维修次数 m_i，所以修复性维修成本 $C_i^r=c_i^r m_i$。

设 i 设备的失效率函数为 $\lambda_i(t)$，预防性维修间隔内对失效率函数积分，可得修复性维修次数：

$$m_i^r = \sum_{k=2}^{n_i^s} \int_0^{s_{i,k}-s_{i,k-1}} \lambda_i(t)\mathrm{d}t \tag{3.25}$$

修复性维修次数乘以修复性维修费用，得到设备修复性维修总费用，对所有设备的修复性维修费用累加，则系统修复性维修总成本：

$$C_r = \sum_{i=1}^{N} \left(c_i^r \sum_{k=2}^{n_i^s} \int_0^{s_{i,k}-s_{i,k-1}} \lambda_i(t)\mathrm{d}t \right) \tag{3.26}$$

计算预防性维修成本，设 i 设备每次进行预防性维修的平均成本为 c_i^p。i 设备的预防性维修次数 $m_i^p = \sum_{j=0}^{T} p_{i,j}$，$i$ 设备预防性维修成本 $C_i^p = c_i^p \times \sum_{j=0}^{T} p_{i,j}$，则系统预防性维修总成本：

$$C_p = \sum_{i=1}^{N} \sum_{j=1}^{T} c_i^p \cdot p_{i,j} \tag{3.27}$$

维修的时间成本，不但考虑维修本身的经济成本，而且考虑因设备维修造成的列车延误运营损失。将维修延误分为预防性维修延误 C_i^{tp} 和修复性维修延误 C_i^{tr}。

设 i 设备预防性维修平均延误为 d_i^p，修复性平均延误为 d_i^r，则维修次数乘以延误得到维修延误，维修延误乘以成本换算系数得到延误造成的成本，故有

$$C_i^{tp} = \sigma d_i^p \cdot m_i^p = \sigma d_i^p \cdot \sum_{j=0}^{T} p_{i,j} \tag{3.28}$$

$$C_i^{tr} = \sigma d_i^r \cdot m_i^r = \sigma d_i^r \cdot \sum_{k=2}^{n_i^s} \int_0^{s_{i,k}-s_{i,k-1}} \lambda_i(t)\mathrm{d}t \tag{3.29}$$

其中，σ 为延误时间对经济损失的换算系数，可通过历史数据估计。

则 i 设备的时间成本

$$C_i^t = C_i^{tp} + C_i^{tr} \tag{3.30}$$

则系统维修时间成本

$$C_t = \sum_{i=1}^{N} C_i^t = \sum_{i=1}^{N} \sigma \left(d_i^p \cdot \sum_{j=0}^{T} p_{i,j} + d_i^r \cdot \sum_{k=2}^{n_i^s} \int_0^{s_{i,k}-s_{i,k-1}} \lambda_i(t)\mathrm{d}t \right) \tag{3.31}$$

目标函数 Z：

$$Z = C_r + C_p + C_t \tag{3.32}$$

线性规划的目标函数：

$$\begin{aligned} \min Z = & \sum_{i=1}^{N} \left(c_i^r \cdot \sum_{k=2}^{n_i^s} \int_0^{s_{i,k}-s_{i,k-1}} \lambda_i(t)\mathrm{d}t \right) + \sum_{i=1}^{N} \sum_{j=1}^{T} c_i^p \cdot p_{i,j} \\ & + \sum_{i=1}^{N} \sigma \left(d_i^p \cdot \sum_{j=0}^{T} p_{i,j} + d_i^r \cdot \sum_{k=2}^{n_i^s} \int_0^{s_{i,k}-s_{i,k-1}} \lambda_i(t)\mathrm{d}t \right) \\ = & (c_i^r + \sigma d_i^r) \cdot \sum_{i=1}^{N} \sum_{k=2}^{n_i^s} \int_0^{s_{i,k}-s_{i,k-1}} \lambda_i(t)\mathrm{d}t + (c_i^p + \sigma d_i^p) \cdot \sum_{i=1}^{N} \sum_{j=1}^{T} p_{i,j} \end{aligned} \tag{3.33}$$

优化模型的约束条件分成两部分，一部分是设备自身的可靠性约束，另一部分为系统的约束，又分为系统可靠性约束与系统可用性约束。模型的约束条件为：

$$\begin{cases} R_i(j) \geqslant \overline{R}_i \\ R(j) \geqslant \overline{R} \\ \dfrac{T - \sum\limits_{i=1}^{N}\left(o_i^p \cdot \sum\limits_{j=0}^{T} p_{i,j} + o_i^r \cdot \sum\limits_{k=2}^{n_i^s} \int_0^{s_{i,k}-s_{i,k-1}} \lambda_i(t)\mathrm{d}(t)\right)}{T} \geqslant \overline{A} \end{cases} \tag{3.34}$$

$$i=0,1,\cdots,N,j=0,1,\cdots,T$$

(3)综合天窗维修计划优化理论

构建以单次时长给定的天窗期内维修的成本最小化、效用最大化为目标函数的天窗维修模型，运用分层序列法进行求解多目标函数。

①优化目标设置

天窗维修计划的安排往往以经济、高效为目标，可以定量地描述为单次时长给定的天窗期内维修的成本最小化、效用最大化。结合假设可得到目标函数的数学表达：

$$\min f = \sum_i \sum_j \sum_k x_{ij} u_{ik} c_k \tag{3.35}$$

$$\max g = \sum_i \sum_j \frac{\omega_i x_{ij}}{t_i^e - t_i^b} \tag{3.36}$$

②数学模型构建

通过以上的模型假设以及目标函数、约束条件的确定，天窗期维修计划问题可表示为以下多目标优化模型：

$$\min f = \sum_i \sum_j \sum_k x_{ij} u_{ik} c_k \tag{3.37}$$

$$\max g = \sum_i \sum_j \frac{\omega_i x_{ij}}{t_i^e - t_i^b} \tag{3.38}$$

$$\text{s.t.} \begin{cases} x_{ij} = 1, t_i^b \leqslant j < t_i^e; \sum\limits_j x_{ij} = t_i^e - t_i^b; \sum\limits_{i \in P} x_{ij} \leqslant 1; \\ t_i^b > 0; t_i^e \leqslant m+1; t_i^e - t_i^b = t_i; \sum\limits_i x_{ij} u_{ik} \leqslant S_k \\ t_q^b \geqslant t_p^e; x_{ij} \in \{0,1\}; i=1,2,\cdots,n; j=1,2,\cdots,m \end{cases} \tag{3.39}$$

(4)基于预警的列车运行与故障维修协同优化

通过写实数据分析，关键设备发生故障后，高铁列车运行采取的主要措施及其对列车的延误影响主要体现在以下四类：限速行驶；停车检查后重启运行；即刻停车等待修复；站内设备故障时可利用其他站线行车。

针对采取的四类主要措施及其对列车的延误影响，主要归结为三类延误模型：限速导致的延误，停车导致的延误，站内设备故障导致的延误。通过建立延误车辆模型分析其维修直至恢复至可按照运行图运行所需的时间，当可预测故障持续时间时，可根据运行图车辆的到达、线路的最大通过能力、车站当前运行图能力及车站最大能力，预测何时恢复运行图及每一辆受阻车辆的延误估计。根据每一辆车可接受的延误程度以及路网运行可调配的资源，可提前确定调度计划，如接续列车热备启用计划，太晚的车可考虑停运。建立列车运行调控协同的故障预警模型、基于决策树的故障延误时间预测模型、故障诊断辅助决策模型，可减少调度决策时间，及时采取有效的调度策略，降低延误。

新型运输组织工程技术体系

新型铁路运输组织工程技术体系框架是在揭示新型铁路运输组织工程理论体系的基础上，为突破服务模式设计与资源配置协同化、运输效能与服务水平提升及决策支持智能化及路网运营综合保障等重大关键技术，以达到建立面向路网的运营与服务协同决策支持平台的目的，所形成的适应铁路运营战略转型需要的完全自主化的一整套技术体系。新型铁路综合效能与服务水平提升技术体系包含宏观层面——战略层、中观层面——战术层、微观层面——运作层以及实际运用层——平台层四大层面。该技术体系是通过四个层面之间的技术相互作用以达到提升路网综合效能与运输服务水平，保障铁路行业运输产品核心竞争力的目的。其各个层面技术研究思路介绍如下：

首先，铁路行业需要在宏观层面——企业的战略层面完善并保障自己的核心竞争力，即需要先在战略层面准确掌握运输需求，优化运输服务模式和配置运力资源，以提供强有力的运力资源保障；然后在中观层面——企业的战术层面设计适应市场需求的客货运输产品以及承载客货运产品的各类运输计划的优化编制技术；其次在微观层面——企业运作层方面来优化运维协同，实现主动安全保障和全过程智能预警与风险管控等目标，以确保运输计划在正常与非正常两种情况下的顺利实施；最后，在实际运用层——平台层方面来研发面向路网的运营与服务决策支持系统，为核心运输产品设计、运输计划编制、运力资源的配置和运营保障提供智能化、自动化的计算机系统。

宏观战略层从供需矛盾入手，提出了以下问题：由于高铁成网后的客货运输需求规模与结构具有时变特征，既有的需求预测技术在应用规模、范围与精度上支撑不足；高铁成网后运力资源要素规模庞大、类型复杂、约束众多，现有运力资源配置技术难以适应多粒度需求下的服务模式。为解决以上问题，首先探索高铁社会经济影响的机理，提出了高速铁路对社会经济影响综合评估技术；其次为使现有服务模式与动态需求相适应，提高需求、服务、运力三元耦合的协调程度，提出了铁路客货运输需求预测与运输服务模式优化技术以及运力资源配置优化技术。

中观战术层在战略层的基础上，为提升铁路行业产品核心竞争力，对我国客货运输效能与服务水平的提升瓶颈做出了深入研究。在旅客运输方面，基于超大规模网络无损简约、网络动态流量分配等方法，为解决适应多服务模式和复杂路网结构的网络化列车开行方案优化难题，提出了铁路谱系化客货运产品技术以及高铁列车开行方案与运行图一体化技术；为解决多方式、跨国界/跨区域客运组织协同优化问题，提出了客运组织协同及旅客服务水平提升技术。在货物运输方面，通过设计差异化 OD 运到时限估算、全程运输时间分配、货物在途监测与预警、运输计划适时调整的优化流程，以到达更好地保障货物运到时限的目的，并提出货物运到时限保障技术；为攻克铁路成件包装货物快装快卸、大轴重条件下的货物加固、铁路货物运输安全监测等问题，形成货物智能装载与运送安全技术规范，提出货物智能装载与运送安全技术以及铁路货物运输安全信息监测与预警技术。

微观运作层重点研究新型客货运输组织技术的落实运营综合保障技术，从大数据、智能化、信息化等方面为新型技术体系的落实提供保障。现有的"情景—应对"式列车调度指挥模式无法适应路网风险传播的复杂性和不确定性，故提出面向市场的调度指挥技术以形成"预测—应对"式调度指挥模式。为实现列车运行全过程智能预警与风险管控以及"服务、效率和安全"的一体化，做到运营与安全风险隐患的自动感知，提出了智能调度集中技术、客运站智能调度指挥技术以及铁路运输调度管理技术。为攻克运行计划偏离预测及运行计划批量调整、智能调整等问题，实现兼顾服务质量、运营效率与行车安全的一体化调度指挥，提出了路网运营及安全大数据的获取与挖掘技术以及车货实时追踪及预警技术。

平台层是将以上三层的理论与技术体系进行实践整理，开发设计研发了面向路网的运营与服务协同决策支持系统。该系统由"一个平台""两个规范""三个领域""多个应用"组成，实现铁路客货运输数据跨部门、跨专业、全流程的采集、共享与集成应用，支持铁路客货运输全过程协同决策，进而为新型技术体系的应用提供平台支持。平台层主要包含铁路运营与服务数据按需共享与集成技术、面向客货运营与服务过程的智能辅助决策技术、异构信息系统功能融合与协同决策技术以及面向业务系统和互联互通的系统模块化定制技术。

新型铁路综合效能与服务水平提升技术体系是以铁路客货运服务模式设计与资源配置优化技术来提供运能保障，即为铁路客货运效能与服务水平提升技术来提供服务模式集以及资源配置保障，保证铁路行业的运输产品核心竞争力；同时设计铁路网运营综合保障技术来为运输产品运营过程中提供实时动态调整保障（运营保障），并将其所用到的大数据传输到面向路网运营的服务协同决策支持系统，为运输产品核心竞争力提供信息、技术保障（平台保障）。新型铁路综合效能与服务水平提升技术体系关系如图 4.1 所示。

4.1 高速铁路对社会经济影响综合评估技术

成网条件下高速铁路的发展缩短了沿线城市的时间距离，对区域的发展产生了"时间—空间收敛"效应，引发了各类生产要素的流动，改变了市场资源配置机制，创新了各主体的发展动力机制。在成网条件下高速铁路社会经济时空协同演化机理理论框架的基础上，提出高铁社会经济影响的循环累计因果关系仿真技术，并在此基础上建立了高速铁路对社会经济影响评估技术。

4.1.1 高铁社会经济影响的循环累计因果关系仿真技术

在分析高速铁路对各类主体动力机制、各要素流动影响的基础上，提出成网条件下高速铁路对社会经济的影响方式与路径，并对高速铁路社会经济影响的循环累计因果关系进行初步仿真。高速铁路社会经济影响的作用机理和作用路径如图 4.2 所示。

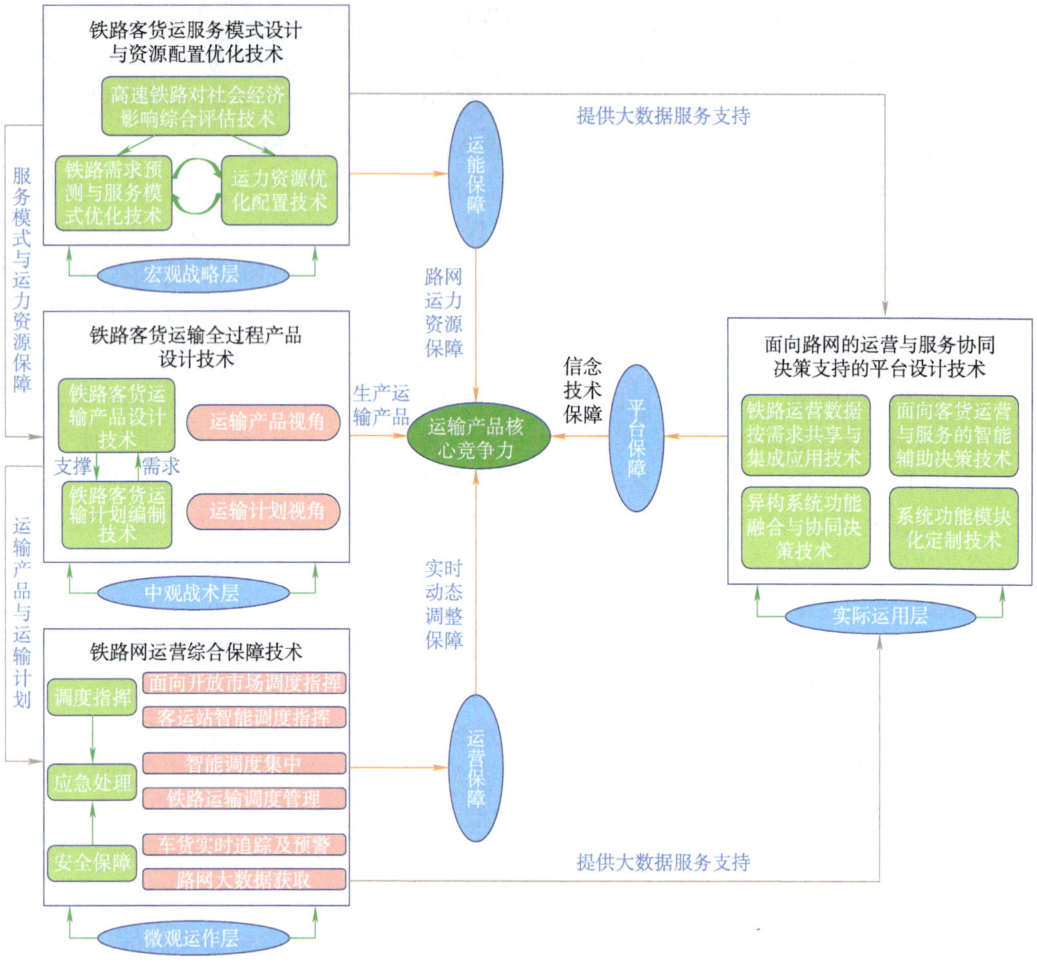

铁路客货运服务模式设计
与资源配置优化技术
高速铁路对社会经济
影响综合评估技术
铁路需求预
测与服务模
式优化技术
运力资源优
化配置技术
宏观战略层
服务模式与运力资源保障
铁路客货运输全过程产品
设计技术
铁路客货运
输产品设计
技术
运输产品视角
支撑
需求
铁路客货运
输计划编制
技术
运输计划视角
中观战术层
运输产品与运输计划
铁路网运营综合保障技术
调度指挥
面向开放市场调度指挥
客运站智能调度指挥
应急处理
智能调度集中
铁路运输调度管理
安全保障
车货实时追踪及预警
路网大数据获取
微观运作层
运能保障
路网
运力
资源
保障
生产运
输产品
运输产品核
心竞争力
信念
技术
保障
平台保障
实时
动态
调整
保障
运营保障
提供大数据服务支持
面向路网的运营与服务协同
决策支持的平台设计技术
铁路运营数据
按需求共享与
集成应用技术
面向客货运营
与服务的智能
辅助决策技术
异构系统功能
融合与协同决
策技术
系统功能模块
化定制技术
实际运用层
提供大数据服务支持
图 4.1　新型铁路综合效能与服务水平提升技术体系关系图

作用要素
人均GDP
拉动经济增长
作用路径
消费
投资
净出口
促进产业升级与结构调整
作用要素
土地
资本
劳动力
技术
优化生产要素配置
作用主体
个人
企业
政府
为降本增收提供新选择
高铁建设
高铁运营
循环累计因果关系
图 4.2　高速铁路社会经济影响的作用机理和作用路径

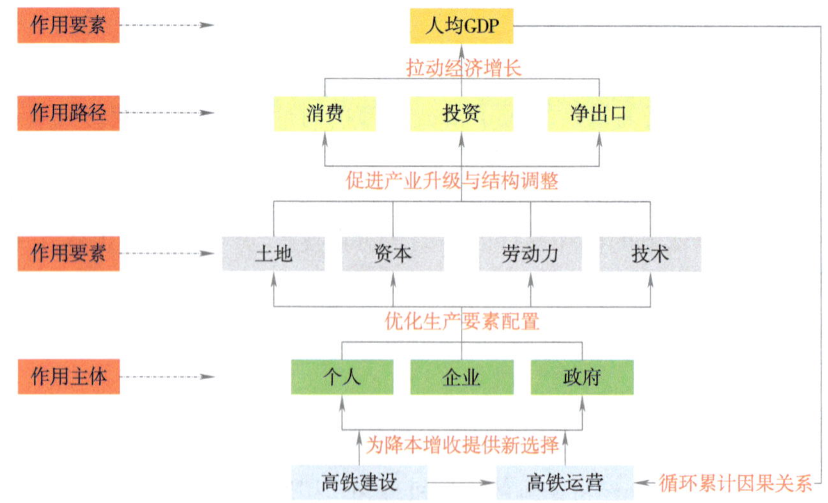

通过研究高速铁路对个人行为、企业行为以及政府行为等不同类主体机制的影响，深入剖析高速铁路开通在资本要素层面、劳动力要素层面、信息要素流动层面以及知识要素流动层面等方面产生的作用，得出“成网条件下高速铁路对区域经济社会发展产生了显著的正向促进作用”这一结论。

运用系统动力学进行模拟，进行了高速铁路对社会经济影响的实证检验，可以得到高铁对经济影响的相关结论。其技术路线如图 4.3 所示。

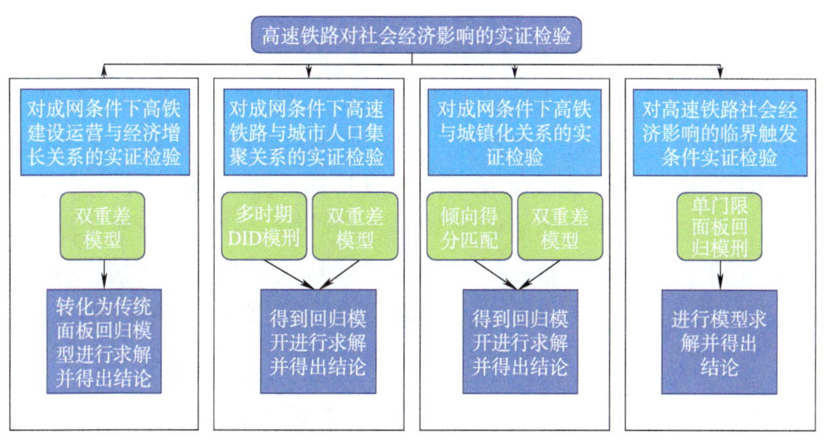

图 4.3　高速铁路对社会经济影响的实证检验技术路线

对成网条件下高铁建设运营与经济增长关系实证检验的主要结论如下：

(1)当前高速铁路的建设运营对区域经济发展有正向作用，且高速铁路线路开通地越密集，对促进 GDP 增长的作用越大。

(2)将城市按照地区划分，受地域差别和高速铁路建设的密集程度不同的影响，高速铁路的开通运营对不同地区的影响程度不同，高速铁路的经济效应在东部、中部和西部地区出现了梯度差异。

(3)高速铁路的建设开通及高速铁路运营线路的增加对经济发展既有直接的正向影响，也确实通过影响劳动力要素的流动和产业结构的变化从而对经济发展产生了积极作用，间接促进了国民经济的发展。

对成网条件下高速铁路与城市人口集聚关系实证检验的主要结论如下：

(1)高速铁路对我国城市人口流动的影响呈现显著地正向效应，表现为人口集聚作用。

(2)高速铁路成网的人口集聚作用相较于高速铁路开通更强。

(3)不同人口、经济规模下高速铁路对我国城市人口流动的影响存在显著的异质性。

对成网条件下高铁与城镇化关系实证检验的主要结论如下：

高速铁路开通有利于城镇化水平的提高，同时人口流动和城镇化发展是一个长期持续的过程，可将高速铁路运营对城镇化的影响放在长期视角来进行评价。

对高速铁路社会经济影响的临界触发条件实证检验的主要结论如下：

在人均 GDP(即 P_{GDP})$<$18 112 元的区间内，高速铁路开通强度的影响系数为负，即高速铁路开通对该类型城市有负的影响效应；当 $P_{GDP}>$18 112 元时，高速铁路开通强度的影响系数为正，即高速铁路开通对该类型城市有正的影响效应。其中在 18 112 元$<P_{GDP}<$33 247 元的影响系数为 0.057，$P_{GDP}>$33 247 元的影响系数为 0.191，均是显著的。说明在高速铁路开通强度这一变量对经济发展水平较高的城市具有更强的经济影响，人均 GDP 大于 33 247 元的城市主要是一些直辖市、省会城市或沿海发达城市，高速铁路开通强度对这些城市的影响更加明显。

4.1.2　高速铁路对社会经济影响评价技术

高速铁路的经济社会评价具有综合性、间接性、层次性等特征。高速铁路对社会经济影响评价技术在构建高速铁路经济社会影响指标体系时将指标划分为了三层：第一层为综合指标“高速铁路经济社会影响评价指标”，反映高速铁路的开通对于经济社会方面的影响；第二层为一级指标，反映高速铁路在不同领域起到的影响；第三层为二级指标，具体反映高速铁路在某一具体影响因素的贡献情况。此三层指标的结合，形成了高速铁路经济社会影响指标体系框架。首先建立预选指标集，然后应用主观与客观相结合的分析方法挑选经济社会评价指标集合。经频次分析法选取指标、运用聚类分析挑选指标，并结合专家经验法的评价结果，最终得出高速铁路经济社会影响评价指标体系见表 4.1。

表 4.1　高速铁路经济社会影响评价指标集

综合指标	一级指标	二级指标
经济发展指标	经济总量影响	GDP
	优化产业结构	第三产业占比
	吸引投资	固定资产投资
	促进旅游发展	旅游业收入
社会发展指标	居民生活水平	就业人数
		城镇化
	居民收入	人均可支配收入
	文化教育	在校学生人数

根据建立的高速铁路经济社会影响评价指标体系，选取某条线路沿线城市，挑选合适的评价方法，对于高速铁路对沿线城市经济社会的影响程度进行定量综合评价。

数据预处理是进行定量综合评价的重要步骤之一，通过对评价前的原始数据进行处理以得到更加合理的数据集。数据预处理包括：一是审核数据准确性，二是筛选有效数据，三是将数据中缺省值进行处理。若数据中存在缺省值，可能导致评价结果的偏差过大。

采用云模型的方法对高铁社会经济影响进行评价。其中评价集是将逆向云发生器得出的期望 Ex，熵 En 和超熵 He 转化为定性概念的映射关系。它是将研究的问题划分为 n 种等级，并对每种等级确定划分方法。通过将评价集划分为{很好，好，较好，一般，不明显}五个等级，就可以得到每个等级在不同评价分类方式中按每组的不同情况所对应的不同的评价集。

4.2 铁路客货运服务模式设计与资源配置优化技术

4.2.1 铁路需求预测与服务模式优化技术

产品设计是否合理，是否具有实用性，需求的预测是十分关键的环节，对于铁路客货运输服务更是如此。在我国当前铁路网络日趋完善、高速铁路迅速发展的背景下，新型运输组织工程需求预测技术主要包括客货运输需求预测技术和客货运输服务模式优化技术。该技术体系综合客货运需求、服务模式与运力资源协调多方面为一体，研究其相互之间的耦合关系，针对不同需求提出相应的客货运输服务模式优化技术，建立综合评价指标体系，进而提出面向多元需求的客运服务模式设计技术和基于模块化、价值链的货运服务模式设计技术。

1. 铁路客运需求预测技术

铁路旅客的需求预测技术分为三部分：全国铁路客运量的预测；城市间铁路旅客发送量的预测以及城市间铁路旅客出行需求预测。

(1)全国铁路客运量预测

对我国铁路客运量预测主要分为两步：

第一步是对我国铁路客运量影响因素关联度分析，从需求侧和供给侧梳理影响我国铁路客运量变化的主要因素，分析各影响因素的变化特征。对高铁开通前的阶段、高铁开通后的阶段的铁路客运量及其影响因素进行关联度分析，得到不同阶段全国铁路客运量影响因素集。全国铁路客运量的影响主要是由需求与供给两个方面共同决定。显著关联的需求侧指标涉及宏观经济因素、微观经济因素、人口因素三方面，供给侧涉及固定资产投资和营业里程等方面，需求侧和供给侧指标共同构成初始影响体系因素。

第二步是选取基于白化微分方程参数直接估计法的近似非齐次指数序列灰色预测模型 DNGM(1,1)对全国铁路客运量进行预测。

全国铁路客运量预测技术路线如图 4.4 所示。

全国铁路客运量预测技术

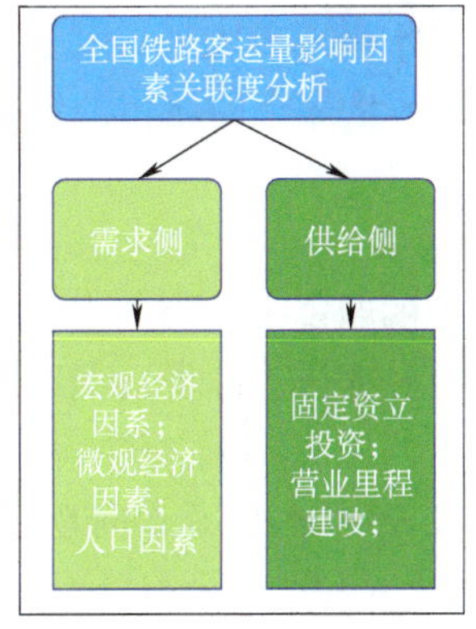

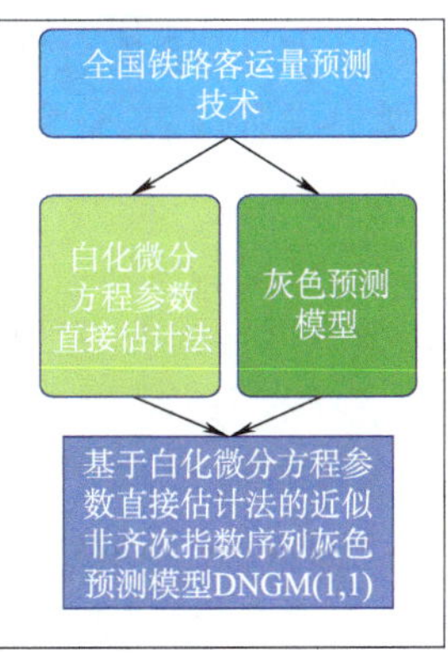

图 4.4 全国铁路客运量预测技术路线

选取基于白化微分方程参数直接估计法的近似非齐次指数序列灰色预测模型 DNGM(1,1)对 2018～2022 年全国铁路客运量进行预测，以 2018 年为预测始年，作 2018～2022 年的五年铁路客运量预测值。平均模拟值百分误差 $\overline{\Delta}_S(u)$ 及预测结果见表 4.2。

表 4.2 基于 DNGM(1,1)与 OBGM(1,N)的 2018～2022 年铁路客运量预测

铁路客运量预测(万人)	$\overline{\Delta}_S(u)$(%)	2018	2019	2020	2021	2022
OBGM(1,N)模型	0.73	333 191.47	355 229.69	380 738.26	408 494.12	437 772.29
DNGM(1,1)模型	1.22	340 179.89	376 668.33	417 962.69	464 695.96	517 584.51

(2)城市间铁路旅客发送量的预测

以上海局管内京沪通道八个地级市为例。首先需要确定城市间铁路旅客发送量的预测关联因子，并应用 DNGM(1,1)和 OBGM(1,N)预测模型对八个地级市的铁路旅客发送量进行预测。结果表明，从平均相对模拟值百分比误差来看，多变量灰色预测 OBGM(1,N)模型的精度较优，平均相对模拟值百分误差在 4%以内。

2018～2022 年各城市多变量灰色预测 OBGM(1,N)模型预测结果及模拟误差见表 4.3。

表 4.3 各城市铁路旅客发送量预测结果及模拟百分误差、五年平均增长率

城市发送量预测值(万人)	2018 年	2020 年	2022 年	2018 年预测误差(%)	模拟误差(%)	2018～2022 五年平均增长率(%)
上海	12 268.29	12 938.31	14 185.55	0.01	0.97	3.70
苏州	4 945.72	5 620.75	6 737.82	5.12	0.25	8.04
无锡	2 400.22	2 617.96	2 814.99	0.21	0.02	4.07
常州	1 518.00	1 646.80	1 803.53	0.01	0.59	4.40
镇江	1 090.26	1 224.94	1 247.15	8.84	0.58	3.42
南京	7 403.87	9 101.65	11 914.42	0.88	3.02	12.63
蚌埠	932.22	936.57	954.33	4.69	0.45	0.59
徐州	2 330.51	2 318.77	2 889.91	8.81	2.13	5.53

预测结果整体趋势分析发现，具有较高经济水平或较大人口基数的城市的铁路旅客发送量将快速增长；经济实力相对偏弱、常住人口体量偏小的城市的铁路旅客发送量增速趋于稳定。

(3)城市间铁路旅客出行需求预测

通过对旅客的出行偏好进行调查，发现不同的距离下旅客的出行方式选择特征有明显差异。继而对旅客出行选择行为的主要影响因素进行了分析，将影响因素分为三类：出行者特性、出行特性、出行服务特性。

出行行为调查方法方面，设计了支撑 RP 和 SP 的高效调查问卷，形成了样本量估算方法。调查回收情况较好，有效率较高，受访者的收入和性别分布较为均衡。

通过对不同方法进行对比，采用基于效用最大理论和随机效用理论建立起来的离散选择模型作为出行方式选择行为建模工具。重点对离散选择模型的 MNL 模型和 NL 模型进行设计，并尝试添加交互项的 MNL 模型。

针对不同距离下(300 km、600 km、900 km、1 200 km)的旅客出行选择行为进行建模并得到标定结果，发现：

①分距离建模的必要性。不同距离下的参数的显著程度和标定的数值具有明显差异，即不同运距情况下方式选择的影响因素和影响程度不同，验证了分距离建模的必要性。

②不同出行距离下的模型比选结果。300 km 含有交互项的 MNL 模型的模型较优；300～600 km 分为公共运输-快速(包括高速铁路和飞机)、公共运输-低速(包括普速铁路和公路客运)和私人交通(包括小汽车)三个巢的 NL 模型较优；600～900 km 按照铁路(高速铁路和普速铁路)、公路(公路客运和小汽车)、航空三个巢的 NL 模型较优；900～1 200 km 下 MNL 模型较优。

③效用函数的交互项设计。300 km 运距的模型构建中，将费用(Fare)和旅费来源(Source)两个变量构成一个新的交互项进行研究，研究出不同出行目的下的时间价值差异。通过比选，发现添加交互项有利于分析旅客对于不同属性感知的异质性、影响因素之间的相互影响，且尝试发现标定的模型也较优。

④显著性分析。普速铁路相对高铁旅客对票价波动的敏感性高；出行目的为公费时，飞机的出行效用最高，高铁次之，普速铁路效用小；进行铁路出行方式划分预测时，性别、年龄、收入三个个人属性特征有必要纳入效用函数。

2. 铁路客运服务模式优化技术

客运服务的发展是不断适应旅客运输市场的渐进过程，须通过服务模式的转型升级来满足旅客全程多元化需求，提供全方位的体验和个性化服务。未来高铁客运服务新模式，是指除提供站到站的位移服务外，对服务品质及维度升级，服务的范围和内容扩展，融合更多服务商共同为旅客提供门到门的全程全方位体验服务的模式。

突破既有服务模式，整合资源，充分利用大数据、信息化等技术，构造全程全方位的满足多元需求的客运服务模式，将引导我国高铁客运从技术创新深化为服务创新，引领未来客运的发展。铁路客运服务模式优化技术主要包括对客运需求、服务模式与运力资源构成要素研究、设计对客运需求、服务模式与运力资源配置协调评价技术以及面向多元需求的产品方案与服务方案评价技术。

(1)客运需求、服务模式与运力资源构成要素分析

客运需求、服务模式与运力资源各主体间相互促进、相互制约、彼此影响，只有构成主体各要素之间在数量规模和质量上相互适应、发展速度上相互匹配，才能实现整个铁路运输系统总体水平的提高。客运需求、服务模式、运力资源构成要素如图 4.5 所示。

客运需求是指在一定时期内、一定的价格水平下，社会经济生活在旅客空间位移方面提出的具有支付能力的需要。客运需求是运输供给的前提和基础，也是运输企业规划和配置运输资源、组织运输生产活动的基本依据。客运需求构成要素主要包含需求总量、需求结构和需求特征三个方面。

服务模式是指铁路企业为满足旅客出行需求所提供的产品数量、产品种类及各类服务。其中，产品数量是指不同种类列车开行数量；产品种类是指可供旅客选择乘坐的具有

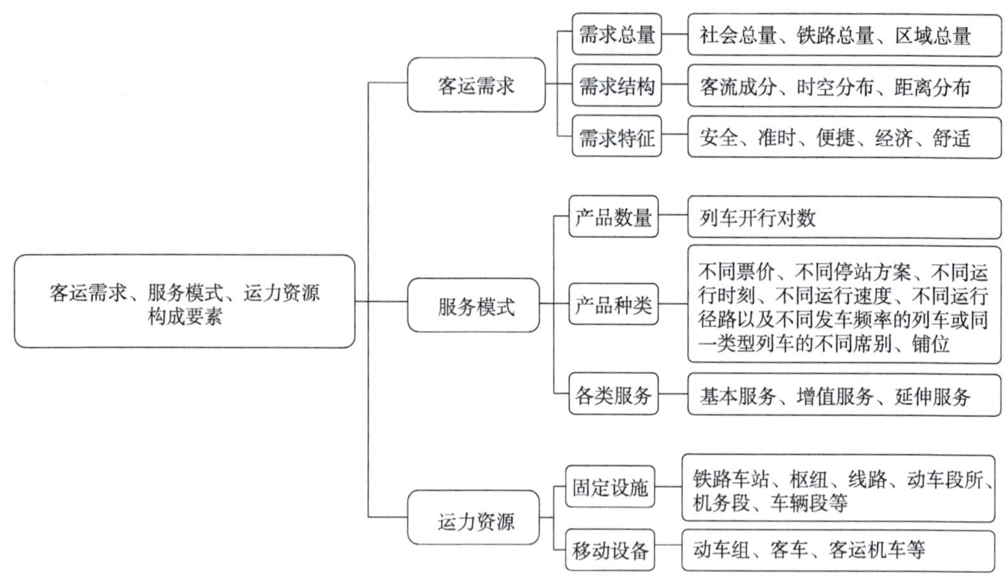

图 4.5　客运需求、服务模式与运力资源构成要素

不同票价、不同停站方案、不同运行时刻、不同运行速度、不同发车频率以及不同运行径路的列车或同一类型列车的不同席别、铺位；各类服务主要指铁路为旅客提供的购买车票、进站候车、托运行李等基本服务以及其他各类延伸服务和增值服务。

运力资源是指在旅客列车运输过程中，提供旅客运输服务所必需的基本运输设备设施及其使用安排，主要包括两类：一类是固定设施，是指形成铁路运输通道的基础设施，如铁路车站、枢纽、线路、动车段所、机务段、车辆段等生产设施；另一类是移动设备，是指实现铁路运输生产或服务对象位移所需的运载动力和运载工具，如动车组、客车、客运机车等移动设备。

(2)对客运需求、服务模式与运力资源配置协调评价技术

高速铁路成网条件下客运需求、服务模式与运力配置的协调优化过程，会受到诸多因素的影响，具有多维度、相对性、非线性、动态性等发展特点。因此，在建立高速铁路成网条件下客运需求、服务模式与运力配置的协调机理优化指标体系时，应遵循综合全面、定性分析与定量判断相结合、静态分析与动态分析的原则。为更加清晰地对高速铁路客流需求与服务模式协调性、服务模式与运力资源协调性进行量化分析，构建协调评价指标体系，如图 4.6 和图 4.7 所示。该指标体系包含有三个层次，即目标层、要素层以及指标层。

(3)面向多元需求的产品方案与服务方案评价技术

在我国高速铁路网大规模建设、客运产品逐步成熟的现状下，旅客出行的需求日渐丰富，客运产品差异化需求逐渐凸显，我国高速铁路客运产品已出现多品种、高需求的发展趋势。为打造客运产品多元化的价值链(包括产品方案和服务方案)，取得更好的运营效益效果，设计满足个性化旅客运输需求的多样化客运产品和服务集合是顺应客运市场化发展、提升客运市场竞争力的重要途径。客运服务模式设计层次关系如图 4.8 所示。

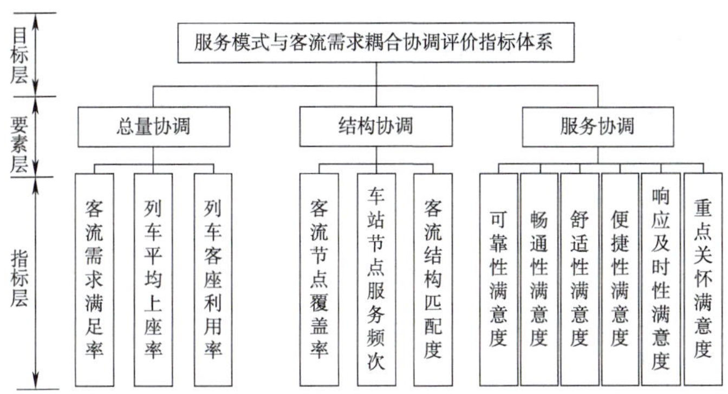

图 4.6 服务模式与客流需求协调评价指标体系

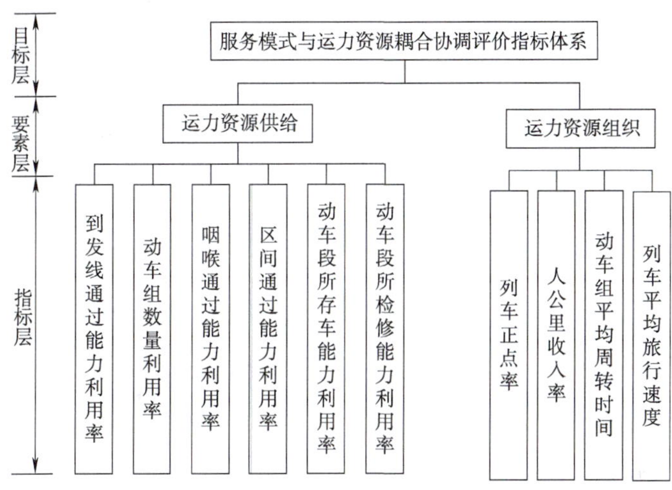

图 4.7 服务模式与运力资源协调评价指标体系

高速铁路客运产品集合													
核心产品					形式产品							附加产品	
开行区段	列车种类	停站方式	席位类别	开行时段	客运信息化系统	客运标识系统	售票检票设施	乘车环境	餐饮	乘降列车	候车环境	多元化外延产品	品牌营销

图 4.8 客运服务模式设计层次关系图

面向多元需求的客运服务模式评价指标体系的构建主要由铁路提供的产品属性指标和旅客体验到的服务性指标两大部分构成。铁路产品属性部分主要由旅行速度、列车票价、服务频率等指标构成。考虑乘客乘坐高铁出行的全过程(票务服务、车站服务、列车服务、出站及换乘服务、其他服务),可对不同类型旅客服务属性层进行划分。从旅客体验感知的角度，采用反映式测量方法，构建了高速铁路不同类别旅客服务质量评价体系。面向多元需求的产品方案与服务方案评价指标见表4.4。

表4.4 面向多元需求的产品方案与服务方案评价指标

指标类型	具体内容
基本指标	列车种类
	列车对数
	列车旅行速度
	列车技术速度
	客运服务频率
	旅客出发时间满意度
	旅客到达时间满意度
	车站间通达性
动态性能指标	列车运行图总体均衡性
	平均缓冲时间
	平均晚点时间
	连带晚点时间
	晚点列车所占比例
服务质量指标	高端商务旅客服务满意度
	中端商务旅客服务满意度
	年轻经济旅客服务满意度
	年长舒适旅客服务满意度

3. 铁路货运需求预测技术

铁路货运需求预测技术是在对城市铁路货物发送量影响因素分析、城市铁路货物发送量及其结构变化特征分析的基础上，分别从“社会货运总量＋铁路分担率预测”和“铁路货物发送量趋势外推”两个角度出发，采用适用于短期预测的三种预测方法（基于逐步回归分析法的“社会货运总量＋铁路分担率”预测方法、三次指数平滑模型和基于GRNN误差补偿的Holt-Winters模型）预测城市铁路货物发送量，然后结合拟合误差及宏观形势分析，综合研判城市铁路货物发送量预测结果。研判原则具体如下：

（1）总体根据拟合误差推选预测方法，由于城市铁路货物发送量波动较大，故优先推荐采用近5年平均绝对百分误差MAPE最小的预测方法。基于GRNN误差补偿的Holt-Winters模型仅对预测年的预测值进行补偿，因此只有一年的预测误差，考虑其特殊性，综合对比相对较优的预测方法。

（2）当城市铁路货物发送量主要受特定行业影响，即特定行业产品铁路货物发送量占铁路货物发送总量的比例较大，而特定行业正处于转型期时，如果社会货运总量与宏观经济因素指标在统计意义上表现出较强相关性，推荐采用基于逐步回归分析法的“社会货运总量＋铁路分担率”预测方法。

上述预测方法建立在社会经济政策环境总体平稳条件下，当遇到突发公共事件时，包括自然灾害、事故灾难、公共卫生事件和社会安全事件等，需求预测将会发生变化。将上述模型预测结果乘以调整系数 η，当受到负面影响时，η 取值小于 1；当受到正面影响时，η 取值大于 1。η 取值的确定采用德尔菲法（专家咨询法）。

4. 铁路货运服务模式优化技术

面向多元需求的铁路货物运输服务模式设计，需要具备模块化、协调化、集成化、规模定制化设计思想。铁路货物运输服务模式应更多融入物流化服务的元素，其服务的目标是为客户提供基于供应链集成的全程物流服务。面对客户多样化个性化需求，提出一种面向客户的运输服务模式优化技术，其研究思路基于价值链理论，利用模块化方法，将全程物流服务下的铁路货物运输服务模式进行功能模块及其子服务模式划分，并设计子服务可选集和运输服务模式生成方法，由客户自助式地输入物流服务需求，铁路物流企业结合需求数据与服务资源数据构建子服务模式可选集，不仅满足客户定制化的运输服务模式设计，而且通过服务模式模块化设计，在满足客户个性化需求的同时进一步发挥规模效应，提高客户需求响应速度。构建服务模式生成模型，在服务模式可选集构成的增值网络中，针对各服务模式模块各项服务内容的比选匹配，统筹服务模式设计中的物流成本、时间、质量以及价值实现，生成客户物流定制方案，输出最终的铁路运输服务模式。

在完成服务模式方案生成环节后，须对方案组织和实施过程进行评价，按照不同的规则（客户要求）遴选出最符合客户需求的优化方案，再将其推送给铁路相关部门和客户。为客观评估货运服务模式方案，可从运力/物流资源供给能力和货运服务质量两个角度进行评价。

运力/物流资源供给能力评价是保障货运服务模式方案具有可行性的前提。评价的主要目标是在特定服务水平和业务量要求下，能否将接取送达、场站、仓库的服务能力和运力资源合理匹配。另外，业务衔接的可靠性包括干线运输、仓储配送、包装加工等各种延伸/增值服务之间的顺畅衔接等。

铁路提供服务模式目标是为了满足客户的多元需求。针对铁路货运服务质量的评价，可从市场和客户认知角度，对服务模式质量的基本评价和基本测量。

(1)评价指标

基本运输服务能力主要包括接取送达和干线运输能力。运输服务为动态服务过程，能力指标也为动态性指标，评价指标是检验收发货运站是否有能力承接客户要求，系统通过剩余能力的计算实现能力的动态评价。

基于以上分析，铁路货运运力/物流资源能力的评价按照不同的作业环节分为接取送达、站线运输、装卸、流通加工、分拣等环节，各环节指标见表 4.5。

表 4.5　运力/物流资源能力评价指标

服务类型	作业能力	指　　标
基本运输	接取送达能力	搬运能力
	站线运输能力	可选班列数量
		车站每日最大接车数
		车站每日最大发车数

续上表

服务类型	作业能力	指　标
物流服务	装卸能力	每日机械装卸量
		每日人力装卸量
		装卸线作业量
		普通货物堆存量
		集装箱堆存量
	流通加工能力	每日流通加工作业量
	分拣能力	每日分拣作业量

从客户角度对铁路服务模式质量的评价，主要包括四个维度：满足性、时效性、经济性和竞争性。满足性衡量指铁路准确地执行承诺服务并达到货物完好和安全作业要求的能力；时效性衡量铁路对客户承诺的货物运到时间的执行能力；经济性是衡量铁路提供的服务是否与运价水平匹配的评价；竞争性是衡量铁路提供的货运服务与其他运输方式的优劣势。具体指标释义及计算方法见表 4.6。

表 4.6　服务指标评价指标释义及计算公式

维　度	指　　标	指标释义	计算公式
满足性	订单满足率	订单满足率是指铁路物流资源动态变化情况下，固定/移动设备设施调度安排的满足情况，反映铁路货运动态服务能力	订单满足率＝实际交货数量/订单需求总数量×100%
	客户需求项目的满足率	反映提供服务项目数量和服务时间符合客户需求的满足程度	需求项目满足率＝ $\sum$ 提供的子服务项目贡献度/ $\sum$ 需求的子服务项目贡献度×100%
	客户需求时间的满足率		需求服务时间满足率＝ $\sum$ 提供的子服务时间×贡献度/ $\sum$ 需求的子服务时间×贡献度×100%
时效性	准时送达率	铁路规定时间范围，货物准时送达收货地点的概率	准时送达率＝准时送达货物次数/总订单数×100%
	运输准时率	运输准时率是指准时完成运输任务的比例，反映货物运到时限	运输准时率＝1－延期到达车数/总车数×100%
经济性	车收入率	车收入率是指每辆货车的收入，反映服务产品的盈利能力	车收入率＝总收入/总装车数×100%
	吨收入率	吨收入率是指每吨货物的收入，反映服务产品的盈利能力	吨收入率＝总收入/总发送量×100%
竞争性	服务价格	铁路货运产品的总服务价格	服务打包一口价
	全程服务时间	铁路货运产品全程服务时间	服务全过程的时间

(2)评价方法

①德尔菲法

德尔菲法采用地理上互相分散的方式征询专家意见。对不同产品各类型数据进行权重判断,首先邀请专家根据经验给出基础权重,在实际操作中,工作人员根据客户需求对其产品权重进行针对性的修改。

a. 根据客户需求匹配的产品进行指标分劈,确定评估内容和提纲,并向专家提供资料。

b. 并向所有专家提出需要判断权重的指标及有关要求,并附上有关产品的背景材料,并由专家做书面答复。

c. 各个专家根据收到的材料提出自己对各个产品下指标的权重意见,并说明自己怎么利用这些材料提出权重的。

d. 将各位专家判断意见汇总,列成图表,进行对比,再分发给各位专家,让专家比较自己同他人的不同意见,修改自己的意见和判断,在向专家进行反馈的时候,只给出各种意见,但并不说明发表各种意见的专家的具体姓名。这一过程重复进行,直到每一个专家不再改变自己的意见为止。

②模糊综合评价法

对于影响铁路货运产品评价指标的因素较多且多数不能直接量化的情况,采用模糊综合评价法处理此类模糊信息。

一级模糊评价反映单因素不同等级对评价对象的影响;二级模糊综合评价是考虑各因素对评价对象的综合影响。由于涉及的因素较多,为了综合考虑各个因素对评价加过的总体影响,进行二级模糊综合评价。

4.2.2 运力资源优化配置技术

为了充分发挥铁路"安全、便捷、经济"的运输优势,最大限度吸引货源,提高铁路运输市场份额,保障需求预测与铁路运力资源优化配置及综合能力的匹配关系,新型运输工程技术体系需要提前对当前高铁成网条件下运输能力进行仿真计算,并基于需求预测结果设计相应的能提升技术体系,在保证旅客运输需求的基础上,设计新常态下货运运力资源优化配置技术,主要包括铁路重空车流组织优化技术、铁路机车车辆配置优化技术、铁路货运能力瓶颈识别与消解优化技术以及铁路集疏运组织优化技术四部分。通过四部分的相互作用来最大限度降低铁路运输成本,满足客户物流化运输服务需求,需要铁路不断优化客货服务产品,统筹规划和优化配套的运力资源配置,在满足市场需求的同时,提高铁路运力资源的使用效率。

1. 高速铁路能力计算、仿真与提升技术

高速铁路能力计算、仿真与提升技术主要包括对既有高速铁路通过能力计算方法的适用性研究、高速铁路通过能力计算特征分析、高速铁路通过能力影响因素以及设计了基于列车开行结构的通过能力迭代加密计算模拟法三部分。该技术的具体路线如图 4.9 所示。

首先对高速铁路统计能力的五种计算方法进行分析,得到每种方法的优缺点及适用性,再从高速列车因停站而产生的能力扣除、共线运行的不同速度等级列车所导致的能力扣除、高速铁路天窗开设导致的能力扣除以及高速铁路列车均衡性开行的影响等方面对高

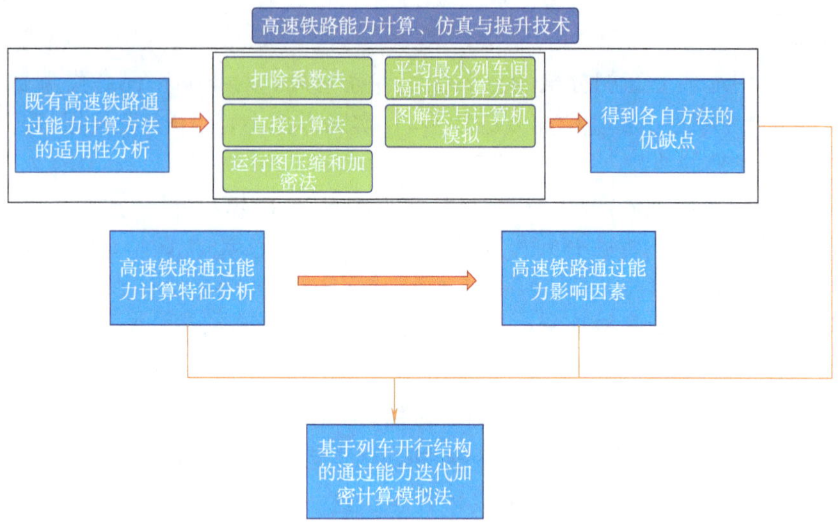

图 4.9　高速铁路能力计算、仿真与提升技术路线

速铁路通过能力计算特征进行分析，在此基础上从基础设施、运输组织模式等方面对高速铁路通过能力影响因素进行总结（如图 4.10 所示）。最后，将三者相结合，提出给定开行结构条件下的高速铁路通过能力计算方法——基于列车开行结构的通过能力迭代加密计算模拟法。该方法能够在无图情况下，在给定列车开行结构的基础上，得到高速铁路通过能力的确定值，能够为高铁运营能力运用提供指导。

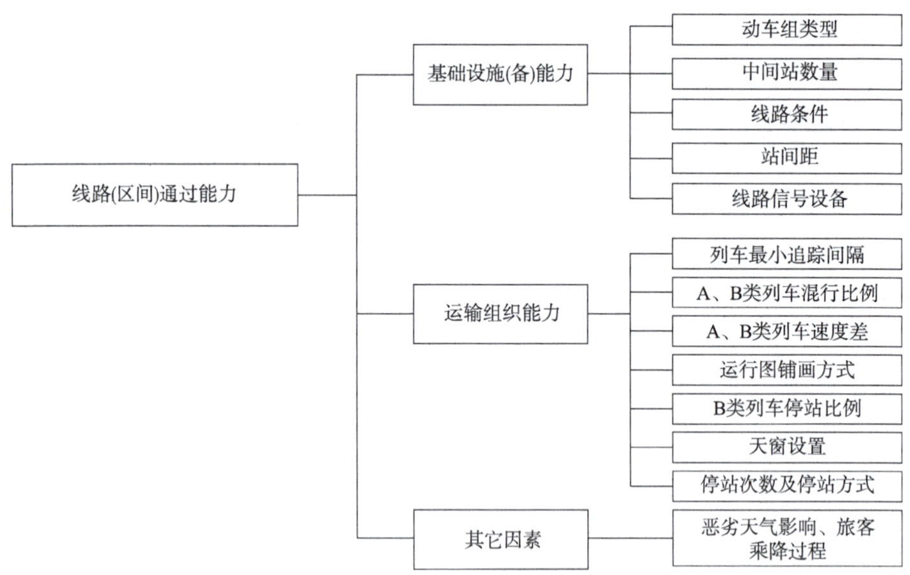

图 4.10　高速铁路通过能力影响因素示意图

2. 高速铁路能力瓶颈识别技术

高速铁路能力瓶颈识别技术主要包含以下两部分：

(1)基于运营数据分析的瓶颈识别技术

CTC 系统积累了大量的列车运行数据。这些数据规模庞大，蕴藏着丰富的决策支持信息。基于 CTC 和车站作业数据中获取基础运营数据。获取的数据主要包括：车次、接入股道号、到达时间、出发时间、动车组类型、区间运行时分以及列车到发作业时间等。数据处理分析过程如图 4.11 所示。将数据导入到 Oracle 数据库，建立 Python 与 Oracle 数据库的连接，利用第三方库 Numpy 和 Pandas 完成数据预处理(主要包括数据获取、缺失值标定、异常值处理、数据补齐与数据转换)。数据预处理之后，方可进行下一步参数或指标计算，能力利用率可作为铁路线路上评判瓶颈位置的一项重要指标。铁路线路上的瓶颈位置可发生于站间区间或者作业效率低下的车站，此处着重研究线路上瓶颈区间的识别与消解技术，而对于高速铁路车站能力瓶颈的识别与消解可参考同样的思路，对车站的技术作业组织进行优化，从而消解能力瓶颈，到达使线路整体通过能力提升的目的。

区间能力利用率的计算涉及两项指标：一个是线路上实际运行的列车数，该数可通过历史运营数据统计得到；另一个则为线路各区间的理论通过能力，此处利用平均最小间隔法计算。平均最小间隔时间法计算获得列车理论区间通过能力值：

$$N=T/(\bar{I}+\bar{t}_{\mathrm{rerf}})$$

式中 N——区间通过能力；

T——区间通过有效时间；

$\bar{I}$——平均最小间隔时间；

$\bar{t}_{\mathrm{rerf}}$——必要的平均缓冲时间。

将通过区间实际通过列车与列车理论区间能力值相比即可计算出该区间的能力利用率，能力利用率是评价铁路通道瓶颈位置的一项重要指标，可以直接反映出瓶颈位置。

将线路区间作为研究对象，按照上述方法依次计算线路各区间的能力利用率。取平均利用率最大的研究对象为线路通过能力的相对瓶颈点，并与最大设定可接受能力利用率值进行比较，判断是否需要进行瓶颈消解；若瓶颈点能力利用率超过了所设定的值，此时的相对瓶颈点转化为绝对瓶颈点，也就是成为该条线路上的瓶颈点。接下来，便可按照图 4.11 的技术进行瓶颈的消解，消解过程相关的技术路线如图 4.12 所示。

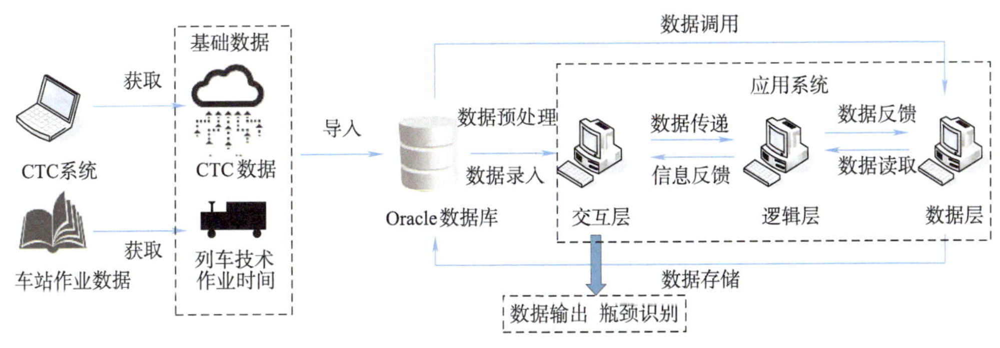

图 4.11 CTC 数据处理技术

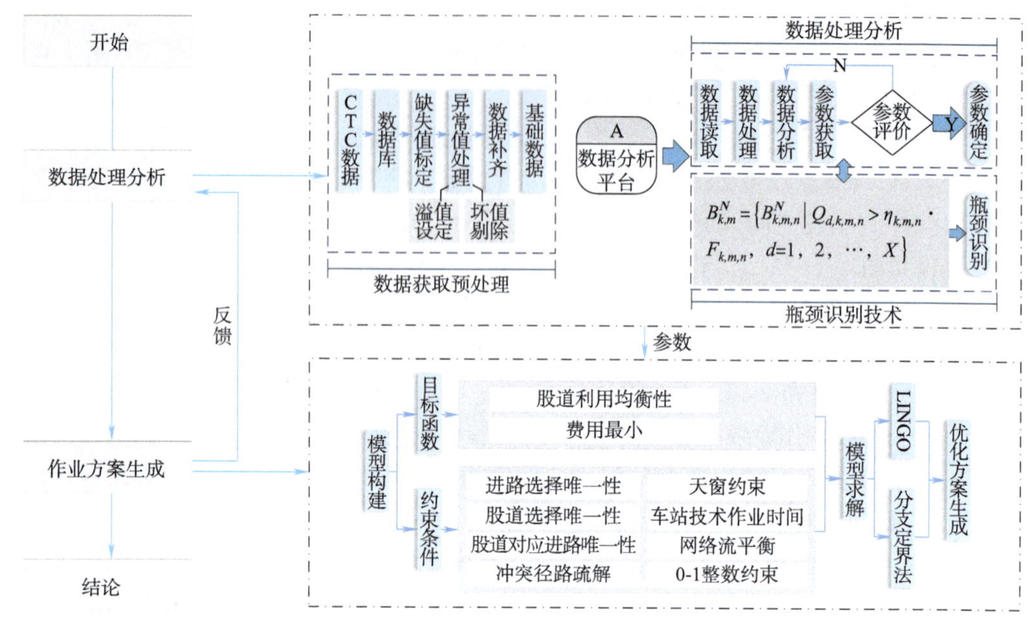

图 4.12　技术路线图

$B_{k,m}^{N}$—线路车站上的动态能力瓶颈设施集合；

$B_{k,m,n}^{N}$—线路车站上的动态能力瓶颈设施；$Q_{d,k,m,n}$—不同阶段线路上车站设施接发列车数；

$\eta_{k,m,n}$—线路上车站设施接发能力的最大可利用率；$F_{k,m,n}$—线路上车站设施通过能力

(2)基于备选集反馈调整的能力瓶颈消解技术

通道能力利用备选方案集生成作为高铁运输能力提升技术的重要组成部分，在初始可行方案生成方面至关重要，避免了单一求解结果缺乏优化方向的指向性。对备选方案集生成时采用数学模型的技术手段，基于大数据手段提取的能力参数是该部分数学模型的重要参数，该参数不是唯一确定值，而是通过现场运营规律而挖掘的存在一定可变范围的数值。通过改变多目标函数的权重比例系数和重要能力参数来生成备选方案集。

针对交通网络存在的规模大、客流时效性强的特点，以提升运输能力为目标，构建了多频率多周期时空网络优化模型，该模型可以归纳为一类带约束的网络流多目标数学规划模型，一般采用双目标，目标Ⅰ以线路上的运量最大化为目标即旅客的运输量：

$$\max z_1 = \varphi \sum_{i \in L} \sum_{j \in U} x_{ij}^{\theta k} m_k$$

由于全局改变线路上的当前运输组织模式的费用较大，所以课题组不是对运输组织进行全局优化，而是在尽可能与现实方案差别小的情况下对当前运输组织模式做局部优化，因此目标函数Ⅱ为与平日列车运输方案的相似性最大，即列车组织方案的改动最小为目标：

$$\min z_2 = a_{ij}^{1k} \left| \sum_{\theta \in T, k \in K} x_{ij}^{\theta k} - N_{ij}^{1k} \right|$$

由于模型求解器 Lingo 无法求解多目标函数，因此在归一化目标函数 z_1 与 z_2 后，利用权重系数，可将多目标转化为如下单目标函数：

$$\max z_3 = \lambda_1 z_1 - \lambda_2 z_2$$

式中，λ_1、λ_2 为不同目标之间的权重系数，可依据现场实际情况考虑对不同目标之间的偏重来综合确定其数值范围。

此处不对数学模型进行过多的展开，该通道能力利用备选方案集生成模型主要满足以下三类约束：网络流平衡约束；能力最大值约束；供需平衡约束。在建立好的数学规划模型基础上，通过改变目标函数权重系数 λ_1、λ_2 以及必要能力参数 $C_{i\theta}^{l_i}$（车站能力约束）以及 N_{ij}（区间能力约束）即可实现备选方案集的生成。最终的运输方案还需要经过反馈调整进行进一步的确定。

3. 铁路货运运力资源配置优化技术

铁路货运运力资源配置优技术分成四部分进行研究，分别是：铁路重空车流组织优化技术、铁路机车车辆配置优化技术、铁路货运能力瓶颈识别与消解优化技术以及铁路集疏运组织优化技术。

(1)铁路重空车流组织优化技术

铁路重空车流组织优化技术主要分为车流径路规则的构建、重车按车流径路规则配流、两点间 K 短路算法以及空车配流协调分析与优化四部分。

(2)铁路机车车辆配置优化技术

铁路机车车辆配置优化技术主要包括机车优化配置技术和车辆优化配置技术。其中机车优化配置技术主要体现在以下几个方面：

①统一牵引定数。铁路的干支线由于线路条件的差异，有许多线路的牵引定数不一致，改变机车“运、检、修”方式后，货运机车交路以打通分界口和干线跨线贯通为重点，根据货流车流特点和机车的续行能力，实行跨线、跨局机车长交路，实现干支线牵引定数统一，减少以往变轴地点的车辆摘挂作业车，提高线路的能力，为编组站和分界口的畅通提供了条件。

通过采用大载重机车以及采用双机牵引等方式，提高支线的牵引定数，实现干支线牵引定数的统一，提高支线运输能力，也减少干支线由于牵引定数不一致导致的车辆改编次数，为直达列车开行创造条件。此外通过开行组合列车，提高限制区段通过能力。

②提高机车运用的计划性。增加对机车的宏观配属作用，减少机车配属与运输任务不协调的现象。机车配属主要依据各铁路局的运输任务，合理确定机车车辆运用数量。目前，还存在开车兑现率不高、车流不均衡导致机车等待时间过长现象，造成了现有资源的浪费，通过机车优化配置，提高全路整体机车运用效率，缩短机车非生产时间。在优化配置的过程中，着重根据车流、货流的变化特点以及列车运行计划，解决机车的宏观调配，增强各铁路局自身机车运用的计划性，及时将机车车辆加入备用和解除备用。通过加强机车运用的计划性，减少费用支出和车辆维修费用，从整体宏观调控角度提高机车的运用效率。

对于车辆优化配置技术，主要需要对车辆的运用和检修方式进行改革，提高路网整体能力和车辆的利用率。

车辆配置需要解决的问题是根据铁路局的货物发送量，线路和技术站的能力合理确定运用车分布，并根据各铁路局实际运用车数量确定使用成本。车辆优化配置模型的思想通过建立整体系统效益最大化的目标函数，确定众多约束条件，其中重点考虑重车和空车调整计划的一体化约束条件，通过模型的计算，实现车辆的最优化分布，同时确定点与点之间的车辆运用情况。

运用车配置的基本原则：一是提高铁路运输能力作为车辆优化配置的支撑和基础；二是追求运输效益最大化作为车辆优化配置的目标；三是理顺分配关系、健全机制作为车辆优化配置的保证。

(3)铁路货运能力瓶颈识别与消解优化技术

铁路货运能力瓶颈识别与消解优化技术主要分为货运能力识别与车流疏解、区段能力优化、编组站能力优化以及货运站能力优化四部分。

货运能力识别与车流疏解主要通过建模并采用先空再重车流疏解基础算法实现。其需要反复检索能力瓶颈，并对瓶颈点空、重车流进行疏解。

区段能力优化措施主要分为两大类：一类措施只需少量投资，甚至不需要投资，就使能力得到一定程度的提高，这类措施称为技术组织措施；另一类措施则要对技术设备进行改造或新建，因而需要比较多的投资，这类措施称为技术改造措施。

编组站能力优化主要是通过减少编组站数量及调整编组站布局、强化路网性编组站能力以及优化编组计划与车流径路来实现。

货运站能力优化的实现方法为对货源组织方式进行变革，扩大“集”“疏”两个系统的能力，加大中心货运站的装卸设备的升级改造，扩大中心货运站的辐射范围，实现货运组织的规模化集约化。此外还要结合“集”“疏”两端的港口、厂矿位置，合理布局站段，减少迂回运输，提高整体运输效率。

(4)铁路集疏运组织优化技术

铁路集疏运组织优化技术主要包括基于综合费用的铁路集疏运服务网络优化、基于ARIMA与RF模型铁路货运重车车流自回归预测以及基于熵权TOPSIS耦合协调发展度模型的铁路货运集疏运一体化协同发展研究三部分组成。

4.3 铁路客货运输全过程产品设计技术

4.3.1 铁路客运产品设计及运行图优化技术

1. 铁路谱系化客运产品优化设计技术

铁路谱系化客运产品优化设计技术包含两部分：在明确了我国高铁列车谱系化产品的概念的基础上，提出了基于客流分配的谱系化客运产品设计技术；全面梳理总结了周期与非周期等不同模式下的列车开行方案优化方法与流程，提出了不同模式下的开行方案优化设计技术。

(1)基于客流分配的谱系化客运产品设计技术

设计客运产品谱系最重要的依据是客流需求。一个客流OD之间的旅客成分往往有很多种，每种成分的旅客由于出行目的、个人属性的不同，有不同的列车选择偏好。设计客运产品的目标是以有限种类的谱系化产品，满足多样化的旅客需求，实现各个系列的客运产品与旅客需求的匹配度最佳。列车谱系设计的客流需求分析技术路线如图4.13所示。

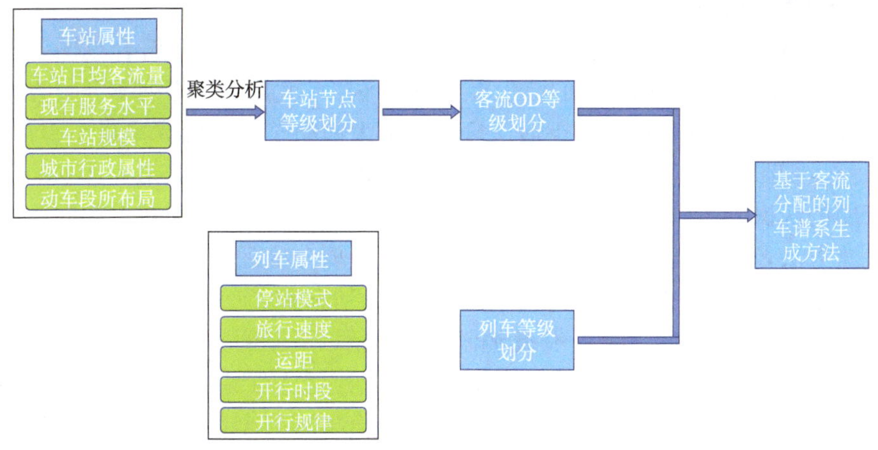

图 4.13　列车谱系设计的客流需求分析技术路线

基于客运产品谱系框架结构，针对高铁日常列车谱，自上而下的“系”“子系”“孙系”层级可将列车按停站车站等级、运距、开行时段划分为 14 种不同的类别。基于量化的“车流匹配”规律，利用客流分配方法生成列车谱系，每种系列的列车带有必停站和选停站。再根据旅客出行需求，设计“后系”中车底与席位的内容，将相似客流定位的列车归类命名，完成“终系”层级内容设计。

(2)不同模式下的开行方案优化技术

①周期性列车开行方案优化技术

周期性列车开行方案优化技术解决的主要问题是为了更好地适应客流需求的异质性，控制列车开行成本。其具体实施方法为从高峰方案中适当抽减列车或编组，可形成平峰周期方案；为满足多样需求的旅客，一个周期内既开行停站少、旅速高的快车，也开行部分隔站停的“大站带中、小站”的相对中、低速列车；根据需要，只考虑在较短区段内开行站站停列车；在生成列车时，从一个备选列车集合中选择一部分列车方案线(每条备选方案线预设有起讫点、停站和编组要素)，决策选出方案线的开行频率。

备选列车集合中的方案线按特定的规则来枚举生成。规则包括：按运距确定列车的停站次数上限；考虑停站布点的均衡性，起讫点内所有大站间区段内至少有一次停站；设定列车的连续停站次数上限；列车要保证一定数量比例的小站停等。这些是备选列车设计应遵循的一般规则，应用于不同线路时还应结合实际情况，确定合适的规则与参数。

②非周期性列车开行方案优化技术

非周期性列车开行方案优化技术与周期性列车开行方案优化技术相比，二者所用模型相同，其不同点为：不调整初始方案中列车的起讫点、频率和径路；初始方案中的列车带流情况已知，由客票数据得出，仅对因取消停站不能被原列车服务的客流进行重新分配；考虑旅客出行便捷性，规定旅客出行至多换乘 1 次；列车停站时间设置为常数，旅客换乘时间假设为合理范围内的均值；优化方案可能因列车旅行时间缩短而吸引更多旅客，也可能因中小站列车停站次数减少，部分旅客流失；假设短期内的客流量固定，暂不考虑客流诱增及流失情况。

2. 高铁列车开行方案与运行图一体化编制技术

传统的铁路旅客运输单一的不具备联动性的运输计划编制已不符合成网条件下的运输需求，对于旅客运输计划的编制的流程再造的关键技术就是要主将列车开行方案和运行图进行一体化编制，以行车和动车组运用鲁棒性最大和动车组购置成本最小为目标，一体化同时编制运行图和动车组运用计划、同时深入对动车组运用问题和乘务计划问题这类资源优化问题的认识，进而研究适应动车组运用计划和乘务计划问题新特点和问题特征动态变化的优化方法，研究客运需求管控与运力资源配置耦合机理，构建一种基于需求响应的列车开行方案与运行图一体化管理机制，适应市场的动态需求变化。

高铁列车开行方案与运行图一体化编制技术包括以下三部分：列车运行图自动编制算法、车站作业计划自动编制代替图算法以及车站作业计划自动编制拉格朗日算法。

针对开行方案与运行图一体化编制的需求，结合实际列车运行图编制情况及需要，设计并构建列车运行图自动编制算法，为列车运行图、车站作业计划、动车运用计划的协同优化提供支撑，并在编程实现后嵌入系统，实现列车运行图自动编制功能。

(1)列车运行图自动编制算法

求解该问题的算法主要为列生成算法。列生成算法是求解整数规划和组合优化问题，尤其是大规模整数线性规划问题的有效方法，是近年来运筹学的一个研究热点。其适合求解决策变量数目远远大于约束条件数目的大规模线性规划优化问题，因此，使用列生成算法来求解上述运行图优化模型是一个有效的思路。为了可以使列生成算法更好地应用在列车运行图优化模型，使用拉格朗日松弛算法对约束条件进行松弛，将列车运行图问题转化为一个大规模线性规划问题。之后，对目标函数与决策变量进行转化，并对问题进行迭代求最优解；同时，采用分支定界算法消除坏值。最后，将得到的最优解转化成为列车时刻表。

(2)车站作业计划自动编制代替图算法与拉格朗日算法

替代图算法可分为三个阶段：①车站分区的划分，根据列车作业和进路关系将车站划分为几个独立的分区；②模型构建，根据高铁站作业流程，构建基本替代图模型；③算法设计；针对替代图模型，采用基于分支定界法的算法进行求解。

基于拉格朗日的启发式算法需要在车站平面图的微观模型上应用，因此在此首先引入了基于股道、道岔、交叉渡线的基础资源网络模型，然后结合高铁站列车作业调度问题得特点，构建了列车作业调度模型，并采用基于拉格朗日松弛的启发式算法进行了求解。

4.3.2 铁路货运产品设计技术

1. 铁路货运谱系化产品设计技术

高速铁路谱系化货运产品设计技术是指在高铁成网条件下，根据不同的货物运输类型，形成新的铁路谱系化货运产品的技术，其包括铁路大宗直达货物运输产品设计技术以及高铁快运模式的货运产品设计技术两部分。

(1)铁路大宗直达货物运输产品设计技术

铁路大宗直达货物运输产品设计技术包括大宗货物点到点直达列车运输产品的优化设计和大宗货物阶梯直达列车运输产品的优化设计两部分。铁路大宗货物点到点服务模式下的铁路始发直达列车产品的设计技术包括考虑发、收货方的库存成本，在途运输费用以及开行整列点到点直达列车的运输折扣，设计相应数学规划模型及设计求解算法等内容。大宗货物阶梯直达列车运输产品的优化设计是指以最小化装车地车流的总停留延误为目标函数，考虑了编组站的改变能力约束以及决策变量之间的若干逻辑关系，并给出了装车地阶梯直达列车编组计划的非线性 0-1 整数规划模型。

(2)高铁快运模式的货运产品设计技术

高铁快运模式的货运产品设计包括高铁快运组织模式、高铁快运物流产品谱系以及高铁快运组合开行方案。

高铁快运组织模式是指近期充分发挥高铁资源溢出效益，以部分线路和部分时段富裕的高铁运力为主，远期提升高铁快运的行业影响力和规模化运营能力，打造专用高铁快运动车组的模式。按照远近结合的运营组织设计思路，分别设计利用载客动车组、动车组不售票车厢、高铁确认车、动车组拆座椅车厢、载客动车组货运车厢、高铁快运动车组以及新上线的高铁货运动车组进行快件运输的高铁快运运营组织方案。

按照高铁快运不同层次的运力特点，将目标市场分为高端市场和中高端市场两个层次，服务方式分为干线运输和“门到门”服务，并根据高铁快运目标市场设计三类快运服务，分别为干线运输类服务、“门到门”特色服务产品以及增值服务，高铁快运产品体系见表 4.7。

表 4.7　高铁快运产品体系

产品类型	产品内容
干线运输服务	利用既有高铁运力，吸引散航腹舱货源
	开发高铁专用货车，吸引快递全货机货源
“门到门”特色服务	标准“门到门”服务(当日达、次日达、隔日达等)
	个性化特色服务(极速达、指定达、特安达)
增值服务	金融类增值服务
	信息类增值服务
	供应链资讯增值服务
	其他增值服务(广告、租赁、品牌许可等)

高铁快运组织开行方案是高铁快运货运产品设计的核心部分，应建立模型求解出最佳的开行方案。其具体设计思路如下：以开行方案的载运能力、成本、前置等待时间以及物流作业时间作为高铁快运组织开行方案优化模型的决策变量，货物运营者的效益最大化和货物委托者的广义费用最小化作为模型的目标函数，考虑高速铁路线路的货物运输能力约束，货物委托者需求等约束条件并设计适应大规模路网背景的适合求解大规模多目标规划的搜索算法进行求解。

2. 铁路货运全程运输计划编制及运到期限保障技术

铁路货物运输组织中，面临的一个主要问题是如何在有能力限制的铁路网络上将货流从始发站点运输至终到站点。在现有的运输计划中往往只给出货流运输物理路径及一些站点作业信息，缺少货流所挂载的运行线信息，由此无法实现对货流运到期限的保障。所以提出铁路货运全程运输计划编制及运到期限保障技术以解决这一难题。该技术主要包含全程运输计划编制技术与运到期限保障技术两部分。

(1)全程运输计划编制技术

全程运输计划即给出货流从始发站点到终到站点全过程的所挂载运行线，以便于运行过程中的追踪和预警。以中欧班列为例，中欧班列运输需求往往会预先提报，即货流运输需求较为稳定。为进一步实现运行图的优化，将货流与运行线两者耦合优化，并综合考虑集装箱车底、集装箱资源的使用，为全程运输计划的实现提供可靠保障。

全程运输计划编制技术对车底运用及集装箱调运动态服务网络设计问题进行了综合考虑，确定了车底、集装箱箱流、货流与运行线的耦合关系。该技术可以根据给定的 T 时间段内的枢纽节点之间班列的开行方案、时刻表、车底运用方案和箱流分配方案形成每支货流从始发站到终到站的完整时空链条，包括选择哪种运输方式在哪个枢纽站点集结以及所选择的运行线，疏运选择铁路还是公路以及何时到达终到站点等。

(2)运到期限保障技术

运到期限保障技术是指针对不同货物对于运到期限的差异化需求，考虑货物运输全过程，设立差异化的运到期限标准，以此来指导货物承运、行车组织与调度，稳步提升货物运输的服务水平。其基本思路为：对于不同的 OD，基于已有运行图，通过选择合适的运行线形成满足该 OD 运输需求的完整径路，此时估算其全程作业时间则可得到不同 OD 可能的运到时限。受运输组织条件、行车调度指挥等的影响，如不能严格按图行车，对于同一 OD 在不同环境下、不同日期选择的运行线存在差异性，为此，可根据运行图信息估算最快运输时间、平均运输时间、最长运输时间等不同参考值，作为货物承运时运到时限承诺、运到期限监测预警、行车调度指挥的参考。

运到期限保障技术可以解决与现有运输条件不匹配、现有规则核算出的运到期限对货运组织、行车调度的参考价值较小以及以“日”为核算单位已不能满足现代物流发展的需要等问题。

3. 车货实时追踪及预警技术

铁路车货实时追踪及预警技术首先需要大量的货车运行数据作为支撑。目前货车追踪技术已经比较成熟，通过车号识别系统、红外设备以及运输信息集成平台可以较为实时的掌握车辆位置信息。所以，问题转化为确定每单货物所装运的车辆，车货追踪及预警技术的关键问题在于如何精确掌握货物和车辆的关系。下面从两个方面介绍铁路车货实时追踪及预警技术，第一方面是如何实时掌握货车运行位置信息；第二方面是如何确定货物所装载的车辆。

铁路车货实时追踪及预警系统以大量货车运行数据作为支撑，首先获取货车实时运行位置，技术架构分为获取层、存储 & 计算层、处理 & 分析层、服务层、业务应用层、展现层六层。对系统内外部大数据资源，进行数据及服务交换实现系统的数据管理及运营监控，最终将追踪信息加以利用展示，从而实现货车追踪。其总体技术架构如图 4.14 所示。

目前既有的货车追踪技术已经解决了运行货车实时信息的采集和传输，在此基础上只要掌握每单货物的车货关系即可在追踪货车的同时实现货物追踪，从而在追踪的基础上实现运到期限预报、超时预警、应急预案发布等功能。为精确掌握车货关系，这里将整个运输

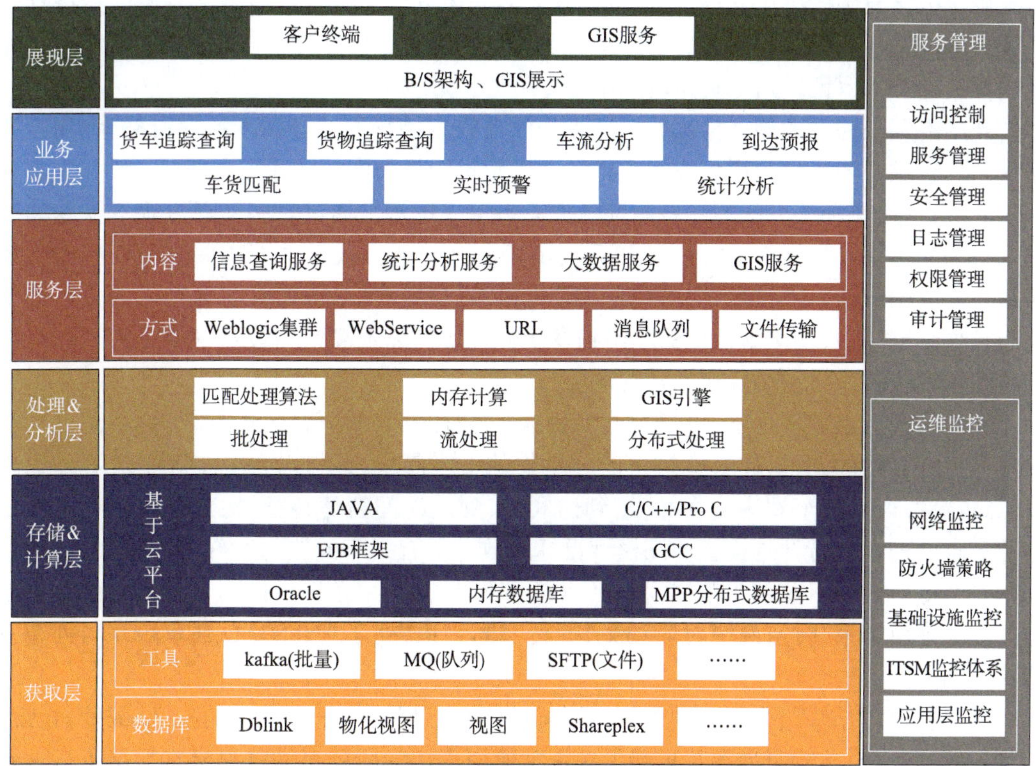

图 4.14 铁路车货实时追踪及预警系统总体技术架构

流程进行抽象总结形成车货匹配算法模型。算法输入为货票、装车、列车始发、集装箱装载清单信息，输出为准确的车货匹配关系及货物所在车辆信息。

为了描述车货匹配算法模型，首先对与车货追踪密切相关的铁路货运的关键阶段及算法进行简单描述。车货追踪首先在第一阶段运输开始前实现车货信息整合，货物运输在制票阶段无法完全掌握货物与车辆关系，例如集装箱只能掌握货物与集装箱的关系，只有集装箱装载阶段才能掌握货物与车辆的关系，所以这一阶段的工作是将运输过程中车货匹配所需的基本信息如车号、运单等信息整合即完成车货信息绑定。在第二阶段即车辆的实际运行过程中对实时接入的车辆位置、装卸等信息利用第一阶段的车货绑定信息实现车货匹配从而在车追踪的同时掌握该车所装运的货物从而完成货物实时追踪预警等相应业务功能。

4.4 铁路网运营与综合保障技术

4.4.1 面向开放市场的调度指挥技术

铁路运营管理在市场化运营的情况下，单纯的面向生产的调度指挥已无法满足复杂多变的客货运输市场，亟待加强面向需求的、市场的、以服务为主的调度指挥体系。面向开放市场的调度指挥技术主要包括开放市场条件下的综合调度指挥策略生成技术和路网客货运维协同优化与调控决策支持技术，重点研究多交通方式下铁路运输需求与调度指挥计划互馈技术，考虑企业需求的货物列车运行计划编制技术，通过路网客货运维协同优化与调控决策支持技术保证铁路客货运输的市场竞争力。

开放市场条件下的调度指挥技术分为开放市场条件下的综合调度指挥策略生成技术、路网客货运维协同优化与调控决策支持技术以及扰动场景库的构建三大部分。

其中，开放市场条件下的综合调度指挥策略生成技术是通过对多交通方式下铁路运输需求与调度指挥计划互馈响应模型和开放市场内多交通方式条件下扩展应用模型的深入研究来完成的；路网客货运维协同优化与调控决策支持技术是通过对企业需求的货物列车运行计划编制模型、动车组运用的车站到发线分配模型以及高铁站线路异常下列车运行图调整和到发线分配模型的优化来实现的。

在当前开放市场环境下，对于一些特殊企业（如钢厂）的原料运输需求，铁路调度应当对其做出针对性的调整，故从货主企业对货物的不同需求入手，以企业实际生产需要为出发点，重点考虑到列车到达货物品类、到达间隔、到达时间窗等特征，构建开放市场下考虑企业需求的列车运行计划模型。该模型目标函数为所有列车的旅行时间之和最小，包括列车的区间运行时间以及列车在中间节点站的停留时间；约束条件包括列车在时空网络上的网络流量守恒约束、时空网络对应约束、运行时间约束、列车到达约束、列车顺序与列车占用关系约束。

高速铁路车站线路由于各种因素的影响可能会出现不能正常使用的异常（故障）情况，如到发线损坏、设备故障导致某进路无法正常使用等。为研究车站线路异常情况下高速铁路列车调度优化问题，考虑车站咽喉区进路资源及到发线资源，综合优化上下行高速铁路列车运行图和车站内运行进路，最大限度地减少故障对于行车的影响。出现异常情况时，减少故障对于铁路正常行车组织的影响，减少二次延误是调度的主要目标。最小化所有选定的弧的总成本最小可以保证减少列车的运行时间，线路故障条件下在保证基本运行图中相应停站约束条件基础上最小化列车运行时间即保证延误时间最小化。因此，目标函数为最小化列车所有选定的弧的总成本；约束条件包括流平衡约束、停站列车最小停站时间约束、停站列车实际出发时间不早于该站的计划离开时间约束、区间能力约束、车站咽喉区能力约束以及车站到发线约束。

构建扰动场景库可以为调度场景中模拟扰动的构成与数量级提供参考依据，针对高速铁路运营中可能出现的紧急情况，制定合理的应急预案，在突发状况下迅速地做出反应，运用运输设备最大限度地满足出行需求；扰动场景库还可以反映一段时间以来高频发生的扰动与故障，针对扰动、故障原因做好提前的预防与排查，消除活动设备与固定线路的结构性问题，防患于未然。扰动场景库主要分为行车扰动场景的构建以及扰动场景库开发与系统需求规定两部分。

4.4.2 智能调度集中技术

当前高速铁路成网，列车开行方案的编制及列车的调度涉及运输过程中的多个部门，尤其在一些特殊情况下，需要临时调整运行计划的情况下，智能调度集中技术能够考虑到多部门最优目标，在最短时间内找出最有运输计划调整方案，为列车运行计划的快速和自动调整提供强有力的保障。如在风雨雪等恶劣天气或设备故障等应急情况下，智能 CTC 系统应当提供列车运行计划的快速和自动调整功能，以提高调度员应急处置效率。

（1）系统应根据不同的运输场景以及预先设置的调整策略，为调度员提供需人工确认的智能调整方案，实现列车运行计划的快速和智能化调整。

（2）系统应建立列车交路、最小折返时间和股道运用等关键信息数据库，为实现系统列车运行计划智能调整功能提供相关基础数据。

（3）系统应建立与限速速度值关联的高铁列车运行计划智能调整策略和模型，在临时限速区域，依据不改变列车运行先后顺序和停靠站点的原则，实现列车运行计划快速智能调整。

（4）系统应建立晚点车次、总晚点时间、股道运用等综合调整模型，针对设备故障、自然灾害、非正常停车等影响列车正常运行秩序的情况，采用整体晚点时间最少或影响车次最少的方案，选择列车待避车站、股道调整，实现后续列车计划智能调整。

（5）系统应建立高铁线路和调度管辖区域接续关系模型，实现运行列车的晚点预测。

（6）系统应建立高铁列车计划调整专家知识库，对不同因素造成的晚点和调整方案进行归类，实现调整案例和经验的积累。

系统的优化思路：对于列车运行控制模型的求解采用改进的多目标粒子群算法。如果一个解不受其所在解集内的任何一个解支配，则该解称为该解集的非受支配解或非劣解。外部档案是种群之外设置的一个集合，用来存储非劣解，同时作为全局最优解的候选解集，使粒子向着最优解快速收敛。最终解集是算法的求解结果。适应度函数值的选择、非支配集的构造、个体、全局最优值的更新以及外部档案的更新是算法研究的核心内容。在大数据环境下列车运行智能调整阶段，通过控制方法和手段，使得列车对于车站和线路资源的占用顺序、时刻发生变化，站点优化，建立一般情况下的列车运行调整模型；考虑列车运行调度问题约束条件众多，实时性和动态性较强，为使求解结果尽可能逼近列车运行控制目标，实现对列车运行的优化控制，考虑列车运行调度的原则和目标，从列车运行晚点时间最小和出发晚点时间最小来满足时间上的要求，从晚点列车列数最小来控制运行调整规模及其带来后续影响，提出了效率性较高的智能优化算法——粒子群算法，建立大数据环境下多目标优化的列车运行调度模型，并对模型进行求解。其具体的流程为区域封锁、区域限速、运行折返以及列车晚点和列车优先级控制。

系统的优化主要包括对行车进路和命令安全卡控以及列车计划上车两部分。其中对行车进路和命令安全卡控分为计划及固定进路卡控、接发车防错办安全卡控以及调度命令安全卡控。

4.4.3 客运站智能调度指挥技术

铁路客运站具有站场规模大、接发列车数量多、进出库作业频繁、咽喉平行进路多、库内转线作业复杂等特点，故而对行车调度指挥工作提出了更高的要求。通过对我国铁路客运站目前车站调度指挥情况调研可发现，其列车进路办理多凭现场人员通过计算机联锁设备进行作业，智能化和自动化程度不高，相关系统在通用性、实时性、智能化方面仍有很大发展空间。因此，基于客运站运营需求的智能调度指挥技术对于提升车站调度的生产效率和效能具有重要意义。新型智能客运站智能调度指挥技术要体现其实时性、智能化及车站作业图表的自动生成特性,重点是铁路客运站技术作业图表智能管理及自动铺画技术。同时,除了客运站站内列车进路智能化外,当前高速铁路成网,列车开行方案的编制及列车的调度涉及运输过程中的多个部门,尤其在一些特殊情况下,需要临时调整运行计划的情况下,智能调度集中技术能够考虑到多部门最优目标,在最短时间内找出最有运输计划调整方案,为列车运行计划的快速和自动调整提供强有力的保障。

客运站智能调度指挥技术包括铁路客运站运营计划实时编制及调度模型与算法研究以及铁路客运站技术作业图表智能管理及自动铺画技术研究两部分。

(1)铁路客运站运营计划实时编制及调度模型与算法研究

通过对不同种类的旅客列车技术作业流程的分析可知,其技术作业过程就是在时间约束下对列车作业占用进路和占用股道的安排。以列车为待加工的“工件”,以咽喉进路和股道为“加工机器”,则铁路车站技术作业过程可以抽象成列车占用咽喉进路和股道的工序图,图 4.15 为列车在到发场的作业工序图,全站所有的技术作业方案的工序图可按车场划分成若干个“工件加工过程”串联起来的作业工序图。

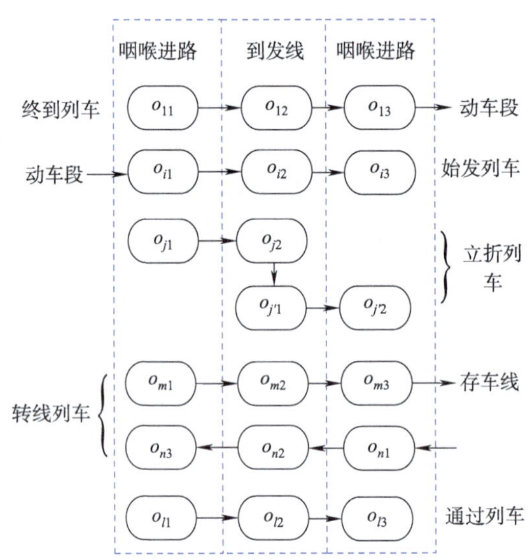

图 4.15　列车技术作业工序示意图

从图中可以看出,车站技术作业优化问题,其实质就是为列车安排进路占用方案和到发线运用方案,是一个特殊的调度问题。列车在到发场技术作业过程可以转化为三道串行工序:第一道工序是占用咽喉进路进入到发线,第二道工序是占用到发线,第三道工序是占用咽喉进路转出到发线。其目标函数为所有列车在到发场的停留时间最小,约束条件主要包括:

①设备能力约束。即在同一时刻,一条到发线或一个道岔最多只能被一个列车占用。列车占用某条咽喉进路,则在其整个作业时间内,进路上的道岔都处于占用状态。

②列车作业分配约束。列车在进行一道工序时,只能在一条到发线或者一个咽喉进路上进行。

③作业时间约束。安排各项列车技术作业过程时需满足技术作业时间标准。如进路走行时间标准、到发线占用最短时间及最长时间等。

④工序时间间隔约束。同一列车的各道工序之间不能有间隔时间，前一道工序完成立即进入下一道工序。

⑤工序空间连通约束。同一个列车的各个工序选定的进路与到发线必须是空间上连通的，即不能由一条进路进入与之不相连的股道，也不能从一条股道上进入与之不相连的进路。

其求解算法设计为拉格朗日求解算法，具体流程如图 4.16 所示。

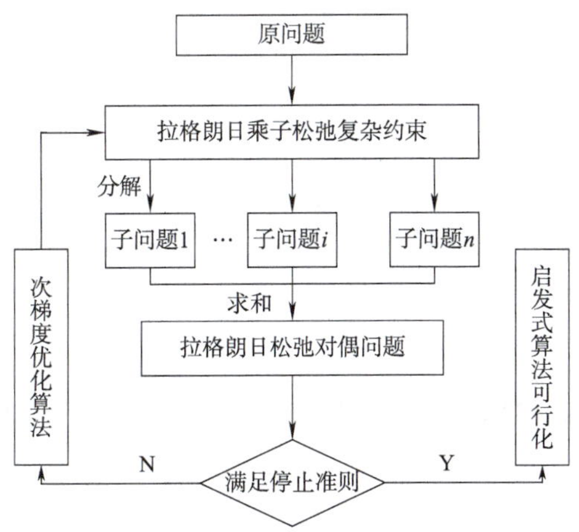

图 4.16　拉格朗日松弛方法

(2)铁路客运站技术作业图表智能管理及自动铺画技术

由于复杂客运站站场采用模型方法进行优化求解的难度太大，而且在进行车站作业计划编制的同时，需要综合考虑人类知识和专家经验等因素，故应当采用专家系统辅助解决大型客运站技术作业编制的问题。基于上述构建的模型和拉格朗日松弛算法，结合实际运营过程中的问题，研究了基于专家系统的大型铁路客运站作业一体化编制和优化技术。其具体包括车站技术作业规划智能管理和车站技术作业图表自动铺画技术两部分。

①车站技术作业规划智能管理

铁路是一个庞大的运输生产企业，包含车辆、机车、工务、电务、车站等部门通过协调配合，才能完成生产过程。一个车站只是整个铁路运营的一个生产车间，但也有其内部的分工合作。而车站调度人员就是车站作业分工的主要指挥者，通过制定技术作业图表来规定各项作业在站内的执行顺序和方法，调度人员必须对各种作业执行办法规定、作业时间标准以及车站站场图结构非常熟悉。因此车站技术作业规划智能管理主要实现了对车站调度员的思维的模拟功能，这要求车站技术作业规划系统的知识库也要具备同样的知识结构。车站技术作业规划系统的模型结构如图 4.17 所示。

②车站技术作业图表自动铺画技术

车站技术作业图表是车站调度员编制车站阶段计划和进行调度指挥的工具，并且能够将车站实际作业情况和设备运用情况记录下来，可以作为进行车站工作分析的原始资料。

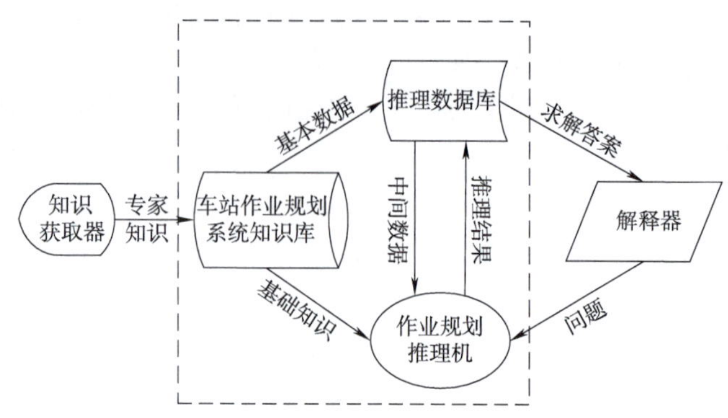

图 4.17　车站技术作业规划系统的模型结构

车站作业规划系统在完成车站作业规划方案后，实际上已经包括了技术作业图表上的信息，因此为了方便车站调度人员的工作，设计了车站技术作业图表自动铺画技术，为系统提供了车站技术作业图表的自动绘制功能。

车站技术作业图表自动铺画技术分成以下几个步骤进行完成，如图 4.18 所示。

图 4.18　车站技术作业图表

技术作业图表包括两个基本组成部分：一个是运行图部分，主要是相邻区间的运行图，内容与基本的运行图是一致的；另一个部分是车站作业线部分，主要是车站内部分作业的执行办法，包括该作业的作业时间和占用设备等。该技术通过检索方案中已完成安排作业的作业时间和占用股道，在图表上的相应位置画出来。

4.4.4　铁路运输调度管理技术

铁路运输调度的管理对于运输计划的保障非常关键，新型运输工程技术体系中既要有铁路运输调度计划管理技术，也要有运输调度与应急处置一体化行车指挥技术。铁路运输调度管理技术主要包括：综合动态编制运行图技术、计划协同编制的技术、全局径路管理技术、车流推算的容错技术和基于铁路局运输信息集成平台设计技术等内容。

(1)综合编制动态运行图技术

综合动态运行图编制技术通过将一图一表(综合动态运行图、列车编组顺序表)汇总，集中展示了协同编制的运输工作计划(管内车流分布、列车开行、装卸车作业、列车编组、全程营业点、客调命令、客车车底交路、三乘信息、担当机车、机班和司机超劳等信息)，并可以动态反馈实绩信息。

(2)计划协同编制技术

计划协同编制技术主要从对象模型设计和业务处理逻辑两方面进行设计以达到调度计划协同编制的目的。

在对象模型设计方面，全局运行线对象描述了路局管内的列车运行计划，计划运行图对象描述了日间计划中运行线与运行线间、运行线与施工计划间的冲突关系。各个调度工种的共同目标是编制全局运行线所反映的列车运行计划。按照专业分工，动调确定的接发车股道、车底组号，客调确定的营业站，计划调确定的编组内容和甩挂计划，机调确定的机车担当，特调确定的超限和重点列车都一一记录在全局线。编制过程中全局线在工种间交换，每个环节在前续工种的基础上检查冲突和完善信息，最终形成反映所有工种编制要求的计划。

采用集中式的业务处理逻辑，设计一套应用服务器为统一的提交、交换编制结果的服务节点和通信节点。各个工种的客户端程序通过远程方法调用和消息通信，实现交互和反馈。

(3)全局径路管理技术

全局径路描述了重复使用的列车的运行径路，是实现全局线在各个工种工作图表上展示和相互转换的基础数据。以行调台径路为基础，采取图定静态径路为主，分段拼接为辅的策略，解决复杂、多方向的径路的准确选择，满足了客车、货车、路用列车开行径路选择的要求。

(4)车流推算容错技术

由于现在车管理、确报的录入管理、检修管理都存在很多系统和版本，所提供数据的准确率存在较大的差别，为保证车流推算的准确，系统对车辆信息和使用状态进行细分，采用15级模糊匹配算法进行容错处理，保证车流推算的准确可靠。

(5)基于路局运输信息集成平台设计技术

局级运输信息集成平台实现了局管内运输信息高度集中，支撑调度全面、准确、超前掌握运输第一手信息，使得调度岗位不再依赖车站上报就能掌握站存车变化，不再依赖于货运上报就能掌握配空供需关系，不再依赖于机务上报就能掌握机车运用动态，可以直接独立做出运输生产决策，便于实现整体优化调整，支撑调度指挥实现了“与现场商量怎么干”到“知道怎么干、现场按计划干”的转变。

4.4.5 路网运营及安全大数据的获取与挖掘技术

铁路路网运营及安全大数据的获取与挖掘技术，聚焦于大数据中心系统设计，以数据获取、数据融合与挖掘、文本标注与特征提取、图像标注与特征提取等关键技术，为铁路网运营保障提供技术支撑。路网运营与安全大数据获取与挖掘技术主要包含路网运营与安全数据获取关键技术、路网运营与安全大数据融合关键技术、非结构化数据序列标注及特征提取关键技术以及面向路网运营与安全的知识图谱构建及分析方法。铁路货物运输过程中车货信息是货主以及承运方关注的重点，依托于大数据获取及挖掘技术功能，为保障货物运输过程的安全性，新型运输工程技术体系确立了车货实时追踪及预警技术研究，实时掌握车货信息并能够进行安全预警，可极大提高铁路运输的可靠性。

路网运营及安全大数据获取的关键技术主要通过数据采集与接入、数据清洗、数据存储与数据共享来实现。数据接入方式包括实时数据接入、准实时数据接入、非实时数据接入。其中，实时数据接入主要通过 Socket 接口、MQ(Message queue，消息队列)、Flume 数据流等技术手段进行接入；准实时数据接入主要包括 Web Service 接口、RESTful 接口等技术手段;非实时数据接入包括数据库视图开放、FTP/SFTP 文件传输等接入方式。数据接入过程中,数据可能存在各种质量问题,因此需进行相应的清洗。数据清洗主要应用于数据仓库、数据挖掘、数据质量管理等领域,通过对数据集进行处理,使数据能够满足完整性、一致性、有效性等要求,以提高数据后续使用过程中的正确性。在数据的结构方面可以按照结构化与非结构化进行大类的划分。结构化数据主要包括有元数据、主数据、结构化业务数据等。元数据与主数据主要存储于 Postgersql 中,结构化业务数据主要使用数据仓库进行存储。非结构化数据根据数据类型的不同选用了多种类型的 NoSQL 数据库进行存储。数据共享架构在整体上分为三层,服务接口层、逻辑管理层和服务部署层。服务接口层是系统共享模块对外提供的统一接口,用户通过服务接口进行共享服务的注册发布、共享服务的查询并最终获取共享服务。在共享服务逻辑管理层对共享服务进行管理,包括共享目录管理、共享服务管理、共享服务检索计算、计算资源配置、服务路由匹配、发布资源配置等。经过服务逻辑层处理后,业务功能服务被部署到系统共享服务器中保存,并提供用户检索使用。

路网运营及安全大数据的融合与挖掘关键技术通过构建路网运营与安全大数据融合典型应用场景和对面向路网运营与安全的铁路数据进行挖掘来实现。

非结构化数据序列标注及特征提取关键技术主要包括文本序列标注与特征提取、图像序列标注与特征提取以及基于图像标注技术的接触网图像故障缺陷检测应用三部分。文本命名实体识别的主要技术方法分为基于规则和词典的方法、基于统计的方法、二者混合的方法以及基于神经网络的方法。

铁路运营安全文本数据中存在大量的专用术语,如红光带、回流线、轨道车、脚扣等,文本特征提取技术需要准确提取该类专业数据,所以需要构建铁路安全专业语料库,包括通用语料及专业语料,采用基于字典的结巴(Jieba)分词工具对运营安全文本数据准确分词。根据安全文本特征采用数据挖掘中加权技术的 TF-IDF 表示文档特征。TF-IDF(term frequency-inverse document frequency)词频-逆向词频,是一种常用于信息检索与数据挖掘的加权技术,其主要思想是:如果搜索关键词在某个文档中出现的频率 TF 高,而在其他文档中很少出现,就认为该词具有很好的区分能力,适合分类。

自动图像标注技术为让计算机自动地给无标注的图像加上能够反映图像内容的语义关键词。可将主流的自动图像标注算法划分为基于全局特征和基于区域划分的自动图像标注方法。其中,基于全局特征的自动图像标注方法等同于图像场景的自动分类。此类方法的优点是可以免除对图像的区域分割、区域聚类、三维注释和面向对象的分析等诸多过程。但通常来说,图像全局特征一般只适用于表示简单的图像或背景较为单一的图像,如纹理图像、自然场景图像、建筑物图像等。图像的全局特征只提供粗粒度的语义描述,未考虑到图像中前景物体与背景的差异,因而不能反映图像丰富的细节语义内容,标注的性能也不甚理想。

而基于区域的自动图像标注方法的基本思想是:首先根据一定的图像分割算法将图像分成若干同质区域,并提取每个区域的低层视觉特征;然后采用机器学习算法建立图像区域和标注词间的语义关联。根据采用的学习方法的不同,可以将基于区域分块的标注算法划分为基于分类的图像标注、基于概率关联模型的图像标注、基于图学习的图像标注三类。

4.4.6 车货实时追踪及预警技术

铁路货物运输过程中车货信息是货主以及承运方关注的重点，依托于大数据获取及挖掘技术功能，为保障货物运输过程的安全性，新型运输工程技术体系确立了车货实时追踪及预警技术研究，实时掌握车货信息并能够进行安全预警，可极大提高铁路运输的可靠性。

铁路车货实时追踪及预警系统以大数据作为支撑，将技术架构分为获取层、存储 & 计算层、处理 & 分析层、服务层、业务应用层、展现层六层。车货匹配系统运用到的关键技术主要有大数据技术和车货匹配算法模型，其中通过大数据技术解决了运行货车实时信息的采集和传输，货车车辆位置与货物信息的关联匹配；车货匹配算法模型实现了车货匹配，在此基础上可以进行运到期限预报、超时预警、应急预案发布等功能的实现。

大数据技术包括大数据采集、大数据存储、大数据处理、大数据集成、大数据预测和大数据可视化技术，上述技术的协同协作为车货信息的实时追踪与车-货一体化提供了更好的保证。

（1）大数据采集技术

大数据采集技术包括条码技术、RFID 技术、GPS/GIS 技术、WEB 搜索等技术。通过以上技术采集国铁集团、各铁路局、各站段、货主企业、货代企业的数据信息，包括货票信息、到发信息、列车信息、装卸信息、编组信息、运单信息、集装箱装载单信息和车号识别信息，是整个大数据技术的基础，同时也是大数据价值挖掘最重要的一环。

（2）大数据存储技术

大数据存储技术包括分布式存储技术、云存储技术及 SQL/NoSQL 技术。通过以上技术将采集到的结构化数据、半结构化数据、非结构化数据存储到自有服务器和云服务平台并进行管理和调用。

（3）大数据处理技术

大数据处理技术包括批处理技术、流处理技术、交互式处理技术，通过以上技术对采集的货票信息、到发信息、列车信息、装卸信息、编组信息、运单信息、集装箱装载单信息和车号识别信息进行处理，得到车辆追踪数据、货物追踪数据、车货一体化数据和其他核心数据，为数据集成、数据预测和可视化提供支撑。

（4）大数据集成技术

大数据集成技术包括大数据交互技术和大数据共享技术。通过以上技术将采集到的车辆追踪数据、货物追踪数据、车货一体化数据和其他核心数据进行内外部系统间进行交互共享，实现内外部信息的共享、车辆和货物运输状态的实时共享与追踪。

（5）大数据预测技术

大数据预测技术包括聚类预测分析技术、关联预测分析技术、联机预测分析技术。通过以上技术对采集到的车辆追踪数据、货物追踪数据、车货一体化数据和其他核心数据进行分析预测，解决路径优化、运输预测、仓储预测和风险预警的问题。

（6）大数据可视化技术

大数据可视化技术包括文本可视化技术、网络（图）可视化技术、时空数据可视化技术、多维数据可视化技术。通过以上技术将处理后得到的车辆追踪数据、货物追踪数据、车货一体化数据和其他核心数据可视化为图形、图像、视频和其他形式，并将其反馈给运输管理部门和车辆管理部门。基于可视化之后的数据，运输管理部门和车辆管理部门对货物运输途中实时追踪，并对超时情况进行预警。

车货追踪匹配模型主要通过车货追踪算法来实现，该算法需要在第一阶段运输开始前实现车货信息整合，将运输过程中车货匹配所需的基本信息（如车号、运单等）整合即完成车货信息绑定；在第二阶段即车辆的实际运行过程中对实时接入的车辆位置、装卸等信息利用第一阶段的车货绑定信息实现车货匹配，从而在车追踪的同时完成货物实时追踪预警等相应业务功能。

4.5 面向路网的运营与服务协同决策支持的平台设计技术

面向路网的运营与服务协同决策支持的平台设计技术包括铁路运营与服务数据按需共享与集成技术、面向客货运营与服务过程的智能辅助决策技术、异构信息系统功能融合与协同决策技术以及面向业务系统和互联互通的系统模块化定制技术四部分。

1. 铁路运营与服务数据按需共享与集成技术

铁路各信息系统分期独立设计、业务侧重点不同，导致业务数据在粒度、结构、更新频率等存在较大差异，实现铁路信息系统的数据无干扰采集、存储、共享、交互需解决铁路运营与服务数据按需共享与集成应用技术，实现多类型运营服务数据的统一查询、全生命周期字段级监控以及权限管控。该技术通过对铁路运营与服务数据的采集、共享、集成、挖掘，实现多源异构多模式信息跨部门、跨专业、全流程的采集与集成应用，并设计结构化和非结构化数据采集、集成接口，从而实现数据源到平台的自动配置及数据的存储、共享和交换服务。

铁路运营与服务按需共享与集成技术由数据源、数据采集以及数据处理与集成三部分组成。三者之间的流程关系如图 4.19 所示。

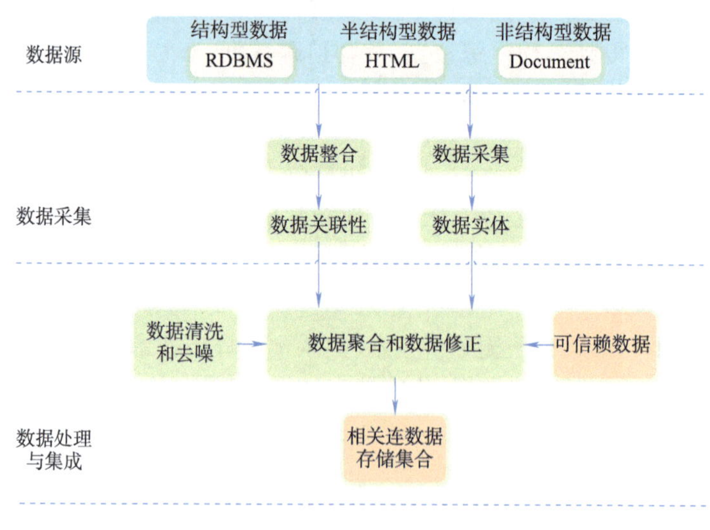

图 4.19 铁路运营与服务按需共享与集成技术流程关系图

由图 4.19 可以看出，数据源主要包括结构性数据(RDBMS)、半结构型数据(HTML)以及非结构型数据(Document)三种；针对以上三种数据源对其进行数据采集，数据采集的步骤包括数据的整合与关联和数据的采集与实体化两部分；在数据采集完成后再对数据进行处理与集成，通过对可信赖数据的清洗与去噪，聚合与修正进而实现相关联数据的存储集合。

2. 面向客货运营与服务过程的智能辅助决策技术

铁路运营服务数据规模大、业务类型多，提高运营服务过程的决策智能化水平需突破运营服务数据多维多粒度分析、数据可视化、监控预警技术，构建客货全过程协同决策的业务流程、技术标准、数据接口以及功能接口。该技术通过研究运营服务数据的多维与可视化，确定异构条件下铁路网络、通道运输能力、区段客货密度、客货径路等内容的图像化显示方法，以研制出客货运营数据多维分析与可视化系统；并基于客运产品设计系统、旅客列车开行方案与运行图集成化编制系统、货运产品设计系统、高铁快捷货运全过程组织优化支持系统、运到期限保障决策支持系统等研究客货运智能决策技术与协同决策流程，构建了客货运输全过程智能协调决策的技术标准、业务流程、数据接口及功能接口。

3. 异构信息系统功能融合与协同决策技术

铁路各业务系统实现协同决策有助于提高铁路运营与服务效率，各系统技术架构差异大、数据库选型不同，需解决异构系统深度融合技术，实现各业务系统功能深度融合需实现业务数据快速交换与应用服务集成。该技术通过研究面向业务系统和互联互通运营与服务的模块化设计方法，制定模块化技术规范，设计满足松耦合、标准化、插件化的平台功能模块，以达到实现协同决策支持系统模块化定制、满足泛欧亚铁路互联互通的模块化定制需求的目的。

4. 面向业务系统和互联互通的系统模块化定制技术

现代铁路互联互通运营与服务需求差异大，故实现平台功能的可动态组合应制定决策支持平台的模块化技术规范，解决模块化定制技术实现功能耦合、动态组合等问题。该技术通过研究异构信息系统群功能融合与协同决策，根据客货运协同决策流程构建平台框架，以达到满足系统功能融合与动态组合的目的。其次，该技术提出异构系统条件下运营与服务协同决策的数据交换模型及计算资源动态配置技术，实现决策支持平台的物理资源与虚拟资源的自动计算，并能根据资源情况进行自适应规划与调配，实现高峰时期系统计算资源动态扩展。

参 考 文 献

[1]雷莉.铁路客运网络能力适应性分析[D].成都:西南交通大学,2016.

[2]王琳.铁路客运网络演化机制研究[D].成都:西南交通大学,2012.

[3]帅斌,钟绍林,李静.我国铁路运输发展区域划分研究[J].铁道科学与工程学报,2013,10(1):108-111.

[4]郭卫东.中国高铁城市结构特征及地域组织模式[D].南昌:江西师范大学,2019.

[5]杜慧峰.基于交通效能的铁路货物运价研究[D].北京:北京交通大学,2015.

[6]黄乐.基于顾客感知的高速铁路客运服务质量评价研究[D].北京:北京交通大学,2014.

[7]任斌.京沪高铁客运服务体系模式的构建及研究[D].成都:西南交通大学,2012.

[8]吕笑媛.高速铁路客运服务质量评价体系研究[D].成都:西南交通大学,2019.

[9]陈晓竹,曾诚.高速铁路车站-区间能力协调性的重要影响因素分析[J].交通运输工程与信息学报,2014,12(2):65-69.

[10]刘嘉河.高速铁路车站通过能力计算及动态指标评价研究[D].成都:西南交通大学,2018.

[11]杨正泽.高速铁路的国民经济属性及投资效益研究[D].北京:北京交通大学,2015.

[12]梅映天,邹汪平,章威.基于AHP的铁路货运服务质量模糊综合评价[J].铁路计算机应用,2019,28(8):5-9.

[13]张文琳,广晓平,张景瑞.铁路货运服务质量评价研究[J].铁道货运,2019,37(7):41-47.

[14]权诗琦,李春丽,张楷唯,等.铁路货运服务质量评价指标体系构建探讨[J].铁道货运,2019,37(5):27-30.

[15]王宇.铁路货运统计指标构成因素研究[J].铁道货运,2018,36(5):24-28.

[16]李玲.市域铁路运营评价研究[D].成都:西南交通大学,2014.

[17]杨洋,张超,吴佳珂.铁路集装箱旅客化快捷运输系统运输组织研究[J].中国铁路,2017(4):48-52.

[18]刘英杰,李琨浩.高铁快运组合开行模式的多目标规划模型分析[J].铁路采购与物流,2019,14(3):50-52.

[19]景龙刚.重载线路装车域车流组织研究[D].兰州:兰州交通大学,2018.

[20]任斌.京沪高铁客运服务体系模式的构建及研究[D].成都:西南交通大学,2012.

[21]高华荣.高速铁路对区域经济发展的影响研究[D].北京:北京交通大学,2017.

[22]文超,冯永泰,胡瑞,等.高速铁路智能调度辅助决策系统功能分析[J].中国铁路,2020(7):9-14.

[23]章璐瑜.高速铁路运营后既有线运输组织优化研究[D].成都:西南交通大学,2016.